智库中社 国家智库报告 2020（23）
National Think Tank

经　济

中国能源经济安全风险评估（二）

史　丹　等著

CHINA ENERGY ECONOMIC SECURITY RISKS ASSESSMENT (2)

中国社会科学出版社

图书在版编目 (CIP) 数据

中国能源经济安全风险评估. 二 / 史丹等著 . —北京：中国社会科学出版社，
2020.6

（国家智库报告）

ISBN 978 - 7 - 5203 - 6519 - 2

Ⅰ. ①中⋯　Ⅱ. ①史⋯　Ⅲ. ①能源经济—经济安全—风险管理—
研究报告—中国　Ⅳ. ①F426. 2

中国版本图书馆 CIP 数据核字（2020）第 086728 号

出 版 人	赵剑英
项目统筹	王　茵
责任编辑	范晨星
责任校对	王　龙
责任印制	李寡寡

出　　版	中国社会科学出版社
社　　址	北京鼓楼西大街甲 158 号
邮　　编	100720
网　　址	http://www.csspw.cn
发 行 部	010 - 84083685
门 市 部	010 - 84029450
经　　销	新华书店及其他书店

印刷装订	北京君升印刷有限公司
版　　次	2020 年 6 月第 1 版
印　　次	2020 年 6 月第 1 次印刷

开　　本	787 × 1092　1/16
印　　张	12.25
插　　页	2
字　　数	120 千字
定　　价	75.00 元

中国社会科学院工业经济研究所课题组

课题组成员

课题主持人：

史　丹　中国社会科学院工业经济研究所所长、
　　　　研究员、博士生导师
　　　　中国社会科学院工业经济研究所能源经
　　　　济中心主任

项目组主要成员：

王　蕾　中国社会科学院工业经济研究所　博士
裴庆冰　国家发展改革委能源研究所　博士
聂新伟　国家发展改革委区域发展战略研究中心
　　　　博士
马丽梅　中国社会科学院工业经济研究所能源经
　　　　济中心　博士
李华杰　中国社会科学院工业经济研究所能源经
　　　　济中心　博士

薛钦源　中国社会科学院工业经济研究所能源经
　　　　济中心　博士生

马翠萍　中国社会科学院工业经济研究所能源经
　　　　济中心　博士

李　鹏　中国社会科学院工业经济研究所能源经
　　　　济中心　博士后

邢梦月　中国社会科学院工业经济研究所能源经
　　　　济中心　博士生

摘要： 本报告从全球能源供需格局变化切入，从能源进口对中国经济福利和风险的影响，能源供需缺口对能源资源开发及投资需求，能源技术变革等方面分析了新形势、新技术、新需求对我国能源安全的影响，并基于能源资源的可得性、经济性、清洁性、可持续性等方面对中国能源经济安全状况进行了总体评估，在此基础上提出了相应的政策建议。

第一，全球能源供需格局变化对中国能源安全产生新的影响。多元供给将加大全球能源市场竞争，能源需求大国的作用将获得提升；供求格局的变化将造成能源安全形势更加复杂；全球能源变局蕴藏能源治理体制改革契机，有助于中国贡献新理念和新方案。

第二，中国经济高质量发展对能源安全提出的新要求。中国要坚持形成正确的中国能源安全观，统筹推进国际国内协同发展；深入推进能源生产和消费革命，加快构建清洁低碳安全高效的能源体系；推进全球能源治理变革，加强双边和多边能源合作机制建设。

第三，中国能源经济安全总体乐观，但油气安全仍需关注。国际油气价格过高或短期内连续大幅波动对中国能源安全的经济性影响较大，因此仍要关注中国油气的可得性、经济性、清洁性和可持续性。

第四，能源进口对提升中国经济福利具有正向作用，但需要警惕能源供应中断和价格波动风险。现阶段尤其要警惕美国能源战略和贸易战略变数给全球石油贸易格局带来的不稳定性。

第五，中国仍需要加强能源投资，保障海内外能源资源的开发可持续性。建立国内企业海外能源投资协调机制，避免国内企业在国际能源市场上恶性竞争；国家意志仍需要在能源投资方面做出调整和改进，保障海内外能源资源的开发可持续性。

第六，中国需要高度关注能源技术变革对能源安全的影响，以技术创新提升能源安全保障是未来能源安全领域的重要任务。

关键词： 能源；经济安全；经济评估

Abstract: The report analyzes the supply and demand pattern shifts of the global energy system, the impact of energy imports on China's economic welfare and risks, the gap between energy supply and demand on energy resource development and investment needs, and energy technological revolution. It carried out a comprehensive assessment of China's energy and economic security situation, based on the available, affordable, clean and sustainable energy goals, and put forward corresponding policy recommendations.

1. Supply and demand pattern shifts in theglobal energy system created new challenge for China's energy security. Diversified supply will accelerate competition in the global energy market, and the importance of big energy demand country will be enhanced; Pattern shift in the supply and demand will make the energy security issue more complex; Global energy changes create new opportunities for energy governance reform, which ask for China' s contribution of innovative ideas and programs.

2. China's shift to a high – quality economic development modelgenerates new demands for energy security. China must keep a right outlook on China's energy security, coordinate the international and domestic development; Ad-

vancing the energy production and consumption revolution, and accelerating the construction of a clean, low – carbon, safe, and efficient energy system; Promoting global energy governance reform and strengthening bilateral and multilateral energy cooperation mechanisms.

3. Generally, China's energy and economic security is optimistic, but oil and gassecurity still needs attention. O-verpriced international oil and gas or short – term price fluctuations in a continuous large – scale have a huge impact on the affordability of China' s energy security; therefore, we still have to pay attention to the availability, economy, cleanness and sustainability of China's oil and gas.

4. Energy import has a positive effect on improving China's economic welfare, but China must be alert to the risks of energy supply disruption and price fluctuations. Currently, China should be particularly vigilant about the instability in the global oil trade due to the US energy and strategical changes

5. China still needs to strengthen its energy investment to ensure sustainability of energy resources development at home and abroad. Establish coordination mechanisms for domestic enterprises' oversea energy investment to avoid vicious competition in the international energy market; the

national will need to be adjusted and improved energy investment, to ensure the sustainability of the energy resources development domestically and abroad.

6. China needs to pay close attention to the impact of energy technological transitions on energy security, and improve energy security through technological innovation is a critical task in the future.

Key Words：Energy, Economic Security, Economic Assessment

目　　录

绪　言

根据国内外经济发展和能源形势的变化，本报告从全球能源供需格局变化切入，从能源进口对中国经济福利和风险的影响，能源供需缺口对能源资源开发及投资需求，能源技术变革等方面分析了新形势、新技术、新需求对中国能源安全的影响，并提出了相应的政策建议。紧密结合中国实际，从学理上分析了能源进口对中国经济发展正反两方面的影响，以及能源资源开发和能源投资对保障能源安全的作用。本报告还从能源资源的可得性、经济性、清洁性、可持续性等方面对中国能源经济安全状况进行了总体评估。

本报告主要研究结论与观点如下：

1. 全球能源供需格局变化对中国能源安全产生新的影响

一是传统能源供需格局发生重大变化，美国由净进口国变成净出口国，OPEC 石油市场影响力式微，OPEC + 联盟影响力显著提升，全球传统能源供需格局进入后 OPEC 时代。全球供求格局变动加剧市场博弈，石油价格波动性明显加大，中国成油气进口第一大国，能源进口依赖度大幅提高，供求格局的变化造成能源安全形势更加复杂。二是可再生能源投资分化态势显现，各国能源转型步调不一致，全球减排形势依然不乐观。新能源技术方向选择呈现出多元化，能源转型技术路径选择仍面临能源安全、环境保护和经济可行的三难问题。

全球能源变局对中国可能产生的影响：第一，多元供给将加大全球能源市场竞争，能源需求大国的作用将获得提升；第二，能源进口依赖度大幅提高，供求格局的变化将造成能源安全形势更加复杂；第三，全球能源变局蕴藏能源治理体制改革契机，有助于中国贡献新理念和新方案。

2. 中国经济高质量发展对能源安全提出的新要求

2017 年中央经济工作会议指出，"推动高质量发展是当前和今后一个时期确定发展思路、制定经济政策、实施宏观调控的根本要求"。从能源资源的角度来看，高质量发展要求能源利用效率改进、能源技术创新突破、能源绿色低碳环保、能源市场配置作用增强，以及能源对外开放质量提升等。

就能源安全来说，首先，能源安全要体现绿色发展理念，能源绿色转型是高质量发展对能源安全的新要求。其次，高质量发展要求效益优先，能源安全要考虑经济，实现国内外能源资源要素高效配置。最后，高质量发展是动力变革，能源安全要根据能源技术和产业转型升级的趋势，以能源技术创新提升安全保障水平。

从总体上说，新形势下提升中国能源安全保障水平，一是中国要坚持形成正确的中国能源安全观，深入贯彻"四个革命，一个合作"新能源治理理念，统筹推进国际国内协同发展。二是要深入推进能源生产和消费革命，加快构建清洁低碳安全高效的能源体系。三是推进全球能源治理变革，加强双边和多边能源合作机制建设。

3. 中国能源经济安全总体乐观，但油气安全仍需关注

本报告分析显示，2005—2022年中国能源安全水平整体呈现先下降后上升的趋势，在国际油价不发生重大上涨，经济、科技照常发展的情况下，中国的能源安全水平在2020年有望达到"安全"等级。但鉴于中国石油主要依赖于进口补充，如果进口集中度过高，

石油出口国断供及地缘政治风险等问题将对中国能源安全带来巨大的挑战。同时,国际油气价格过高或短期内连续大幅波动对中国能源安全的经济性影响较大,不利于生产成本的降低和国内能源价格的稳定。因此仍要关注中国油气的可得性、经济性、清洁性和可持续性。

4. 能源进口对提升中国经济福利具有正向作用,但需要警惕风险

能源进口增加对中国经济的影响是全局性的,它可以从物价、产出、消费、投资、进出口等多种渠道、多种层面对中国实体经济构成影响。

一方面,能源作为中国工业生产最基本的原材料,其进口增加会促进能源价格下降,能源价格下降将直接导致相关产业的产品成本和价格下降,引起总供给增加,降低通货膨胀。同时,消费者的购买力将增加,总体消费需求扩大,最终导致社会总产出的上升和总物价水平的下降,将促进经济增长。

另一方面,能源进口增加面临着能源供应中断和价格波动风险。其中,石油价格波动、较长的海运距离等传统安全风险依然是中国石油进口的隐患。现阶段,尤其要警惕美国能源战略和贸易战略变数给全球石油贸易格局带来很大的不稳定性,加之中东地区和南美地区的政治动荡,地缘政治因素使中国面临较大

的政治风险。

为降低石油进口风险，可以采取以下措施：第一，参与石油期货交易，降低价格风险；第二，开展全方位外交战略，降低政治风险。深入推进中亚—俄罗斯、非洲、中东、美洲、亚太五大海外油气合作区建设，快速推进西北、东北、西南和海上引进境外资源的四大油气战略通道建设，加大与"一带一路"产油国的石油贸易合作。第三，引领国际能源大通道建设，降低运输风险。开辟包括东北航线和西北航线的北极通道，推进中哈石油管道开通，利用亚欧大陆桥开展油气铁路运输，建设中巴经济走廊，形成互补贯通的全方位石油运输格局。

为降低天然气进口风险，可以采取以下措施：第一，争取天然气定价权。联合日本、韩国等亚太国家，争取天然气议价的主动权，打破"亚洲溢价"的局面。强化合同履约机制，推进与"一带一路"国家的管道建设和合同履约。第二，加强管道天然气合作，促进液化天然气进口来源多样化。以"一带一路"合作为契机，加强与俄罗斯、缅甸、中亚等部分国家的合作，以上海合作组织和亚洲基础设施投资银行为依托，通过多种渠道巩固与出口国的天然气贸易关系，增加天然气管网密度。第三，积极调整能源消费结构，加快形成天然气调峰储备体系。

5. 中国仍需要加强能源投资，保障海内外能源资源的开发可持续性

首先，经济发展虽然放缓，但能源需求仍将保持旺盛，特别是相对清洁的天然气等能源资源。石油资源开发需求将稳定在 2 亿吨左右，未来很长一段时间内天然气资源开发需求增速可以达到 10%，煤炭受制于环保，但由于对能源安全有重要意义，未来资源开发需求将在 20 亿—25 亿吨/年，电力资源开发需求与经济发展密切相关，未来增速将保持在 5% 左右。

其次，能源投资需求较大。本报告的测算显示，2025 年和 2030 年的能源投资需求分别为：石油和天然气行业勘探开采投资在 2025 年和 2030 年分别为 4500 亿元和 6000 亿元，管道运输投资在 2025 年和 2030 年均为 864 亿元，炼化投资在 2025 年和 2030 年均为 2500 亿元，销售终端投资在这两年均为 150 亿元，煤炭选采投资在这两年均为 2000 亿—2500 亿元，电网投资在未来每年保持在 4000 亿元水平，电源投资在这两年分别为 3800 亿元和 4900 亿元。

最后，海外能源投资增加了中国能源资源供应数量，保障了国际能源资源向国内稳定、可靠、安全的运输，提高了中国在世界能源事务中的影响力。

但笔者也注意到，中国海外能源投资特征显著：第一，投资区域集中。主要集中在欧洲、北美，撒哈

拉以南的非洲、东亚的权益投资比重较小，而短期内这种投资格局不会改变。第二，投资主体单一。国有企业特别是能源类中央企业是中国海外能源投资的绝对主力军。第三，投资方式简单。主要采取直接投资模式，以跨国并购或新建投资的方式拥有全部股权，或以参股、控股等形式介入。

因此，政府要做好对海外能源投资的引导和战略支持，引导企业有序开展海外能源投资，建立国内企业海外能源投资协调机制，避免国内企业在国际能源市场上恶性竞争，在国内形成海外能源投资的国家意志仍需要在能源投资方面做出调整和改进，保障海内外能源资源的开发可持续性。

6. 中国需要高度关注能源技术变革对能源安全的影响，以技术创新提升能源安全保障是未来能源安全领域的重要任务

以信息化、智能化为代表的新技术革命可能会对未来的能源系统带来变革性影响。能源勘探开发、生产、传输、使用、存储等环节的数字化管理和智能化决策程度将大大增强，能源系统会更加高效，传统的能源供应安全会有更好保障。加之能源领域的储能技术、分布式利用等技术逐步发展成熟，拓宽了可利用能源的范围和场景，大大提升了能源利用效率和能源利用协同程度，使可再生能源高比例应用成为可能。这类能源系统的颠覆性改变会让能源安全的重点也随之改变。

一是加强政策引导。从政策法规、社会环境、人才培养和合作交流等方面不断完善机制。加强对能源互联网、电力储能等新兴产业的引导，降低能源新技术进入市场的门槛。建立市场导向技术创新、研究成果快速转化、创新价值充分保护的能源科技创新体系。

二是大力推动能源技术革命，把能源技术及其关联产业培育成新的增长点。以绿色低碳为方向，着力推进重大技术研究和重大技术装备项目，实现技术国产化、知识产权自主化。以成品油质量升级国家专项行动为重点，在油气开采及转化、清洁燃煤发电、新能源发电及并网、第三代核电等领域应用推广一批技术成熟、有市场需求、经济合理的技术。

三是建立国家新能源产业投资基金，为新能源产业公共技术平台建设、关键基础理论研究、核心设备国产化、"一带一路"走出去等创新业务提供资金支持和降低融资成本。

四是建立健全能源行业技术标准体系。加快推进自主核电、成品油升级、煤炭深加工等领域标准体系建设。加强新能源全产业链检测技术及检测装备研发，整合检测资源，建立新能源产业的公共检测平台。尽快完善和出台新能源在不同领域的应用标准，促进新能源与其他产业的融合发展。

一 全球能源供需格局变化及其影响分析

（一）全球能源供需格局变化及其主要影响

1. 全球传统能源供需格局进入后OPEC时代

自1960年石油输出国组织（OPEC）成立以来，OPEC一直在全球石油市场中发挥着关键供给者的作用，通过联合行动维持着全球石油市场的稳定。然而，进入21世纪以来，随着不同国家能源需求的变化和能源生产国资源技术条件的变迁，全球能源供求格局发生了极为显著的变化。

（1）美国页岩油气革命推动美国由能源消费大国变成全球石油出口国

自2011年起，美国页岩油生产在技术和管理两个层面均获得较大突破，产量持续增长，成为直接影响全球原油市场供给和国际油价波动走势的重要因素。

根据 BP 统计，2015 年美国石油产量超过俄罗斯，2017 年再次超越沙特，成为世界第一石油生产国。2018 年，美国原油产量增长 17%，至 1090 万桶/日。墨西哥湾沿岸地区作为美国主要的出口区域，占美国原油出口量的 90% 以上，其产量为 710 万桶/日。2015 年美国解除长达 40 年的原油出口禁令，之后出口规模不断创下新高。例如，2018 年，美国原油日出口升至 200 万桶，几乎是 2017 年 120 万桶/日的两倍。根据美国能源信息署（EIA）报告，2019 年 3 月美国七大页岩油产区原油产量将大幅增长至 839.8 万桶/日，其中，横跨得克萨斯州西部和新墨西哥州东南部的二叠盆地页岩油产量将创纪录地突破 400 万桶/日。由此来看，当前及未来美国作为世界石油市场的关键供给者地位将日益巩固。

（2）OPEC 石油市场影响力式微，OPEC + 联盟影响力显著提升

一是 OPEC 产量占全球石油份额的比重不断下降，影响力在减弱。OPEC 石油供应能力已经落后于非 OPEC 生产主体，2017 年 OPEC 石油生产量为 39217 千桶/日，较 2000 年产量高出 8028 千桶/日，占当年世界石油总产量的 32.3%，较 2000 年 41.5% 的比重下降了 9.2 个百分点；非 OPEC 国家 2017 年石油产量为 53439 千桶/日，占当年世界总产量的 57.7%，较 2000

年产量高出 9419 千桶/日。由此来看，OPEC 对世界石油供应的影响力在减弱。

二是俄罗斯产量出现恢复性增长，对全球的影响力在不断提升。俄罗斯是世界上国土面积最大的国家，能源资源极为丰富。进入 21 世纪以来，俄罗斯的石油产量逐步恢复增长态势，2003 年石油突破 4 亿吨，2009 年突破 5 亿吨，到 2017 年产量为 5.544 亿吨，占全球的比重为 12.6%，产量占非 OPEC 的比重为 22%，较 2000 年比重提升了 6 个百分点；从年均增速情况来看，2006—2016 年年均增速为 1.3%，高于同期的 OPEC 年均 0.8% 的增速。由此来看，俄罗斯对世界石油的稳定供应发挥了重要作用。

三是 OPEC + 减产联盟已成为维系全球油价平衡的重要角色。在美国页岩油产量增长的冲击下，世界石油供给过剩局面造成油价 2014 年年底大幅走低，对石油生产国造成了经济下滑、财政赤字增加的不利影响。2016 年 12 月，沙特和俄罗斯达成协议，联合减产推高全球油价。两国合作效果立竿见影，2017 年 10 月，减产协议使油价提高到 60 美元/桶，2018 年 5 月最高超过 80 美元/桶。随着沙特和俄罗斯产量调节愈发步调一致，"沙俄联盟"的影响力已经超过 OPEC 内部协商。与此同时，因遭受经济制裁或国内长期动乱等因素，伊朗、利比亚、委内瑞拉、尼日利亚等国的石油生产和出口受到严重影响，短期难以恢复。2018 年卡塔尔退出 OPEC 和沙特与伊朗宗教矛盾难以调解，不仅影响了 OPEC 内部协调行动的效力，未来 OPEC 的存续将充满不确定性。

（3）亚太石油消费需求继续快速增长，欧美国家石油消费保持低增长

世界石油消费东移已是趋势，亚太和中东地区将成为消费重心。2017 年亚太地区石油消费量为 33442 千桶/日，较 2000 年增加 12557 千桶/日，增长 60.1%，当年占全球石油消费总量的比重为 34.2%，较 2000 年的比重提升了 7.1 个百分点。其中，中国和印度已成为石油消费新兴大国，2017 年两国石油消费占全球的比重已接近 20%。近些年来，中东地区的石油消费也不断增长，2017 年中东地区石油消费量为 8477 千桶/日，较 2000 年高出 3466 千桶/日，增长 69.2%。相比于亚太地区和中东地区石油消费量的大幅增长，近年来欧洲和北美等传统石油消费地区的消费量却出现明显的下行趋势。其中，2017 年欧洲地区石油消费量为 15550 千桶/日，较 2000 年减少 924 千桶/日。以 OECD 国家和非 OECD 国家的石油消费变化情况来看，2013 年非 OECD 国家首次在石油消费上超过 OECD 国家，2017 年 OECD 国家的消费量比 2000 年下降了 1055 千桶/日，而同期非 OECD 国家则增加

21731 千桶/日，涨幅高达75.8%。

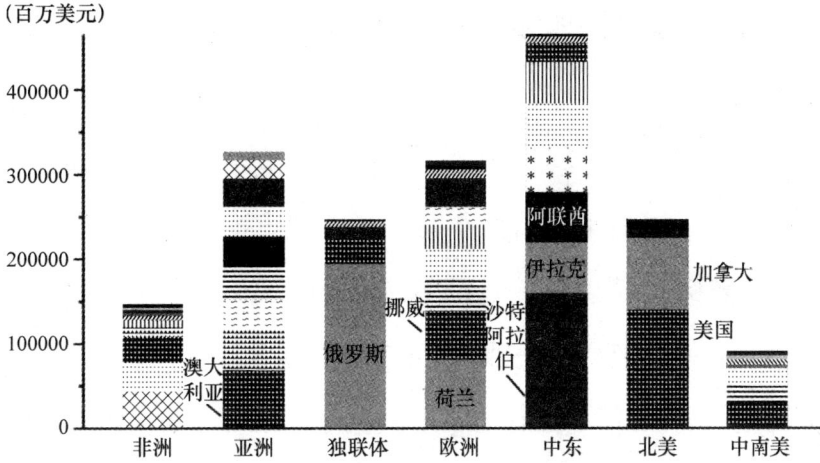

（百万美元）

图1　2017年能源出口国家及地区分布情况

资料来源：世界贸易组织统计数据。

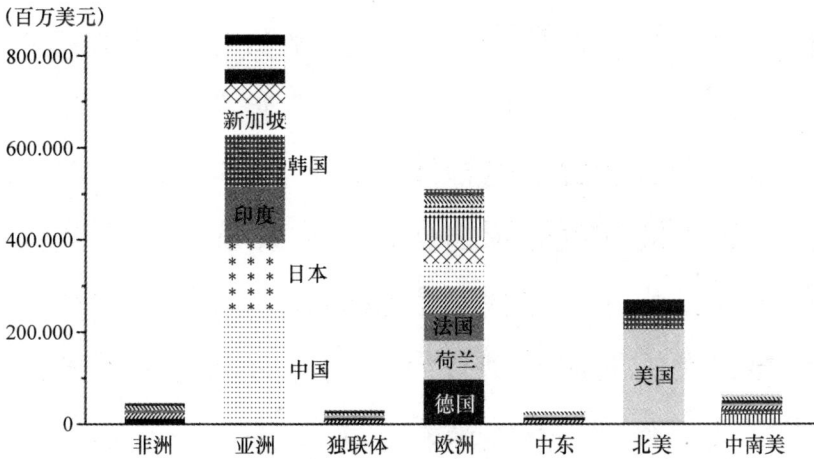

（百万美元）

图2　2017年能源进口国家及地区分布情况

资料来源：世界贸易组织统计数据。

2. 全球能源转型背景下新能源的发展形势

(1) 全球能源转型进程稳步推进，可再生能源投资分化态势显现

在 2015 年巴黎气候峰会上，全球所有的国家首次通过了承诺减排的行动方案——《巴黎气候协议》，协议的签署标志着推进全球能源绿色转型成为集体行动共识，在此带动下全球可再生能源生产和利用不断取得积极进展。根据 BP 统计，2017 年全球可再生能源消费达到 4.9 亿吨油当量，占当年能源消费的比重为 3.6%，较 2016 年提高 0.5 个百分点；可再生能源发电比重也由 2016 年的 8.1% 提升到 9.1%。分国家和地区情况来看，德国、英国等欧美发达国家无论是可再生能源消费占比还是可再生能源发电量占比均处于较高水平。以英国为例，2017 年其非水可再生能源发电（核电和新能源发电合计）比重已经突破 50%。

虽然在可再生能源消费比重中发展中国家整体依然处于较低水平，但值得欣慰的是，近年来发展中国家明显加大了能源转型投资力度，而发达国家则出现了明显走弱态势。具体来看，2011 年之后发达国家可再生能源投资逐渐下降，到 2017 年投资规模下降到 1030 亿美元，下降近 50%。而发展中国家则保持稳步增长态势，2015 年超越发达国家投资规模，当年达到

1780 亿美元，较 2010 年增长 128%；2017 年投资规模高出发达国家 740 亿美元，投资差距进一步扩大。

表1　《巴黎气候协议》签订以来主要经济体可再生能源发展情况

（单位:%）

	可再生能源发电量比重			非水可再生能源发电比重			可再生能源消费的比重	
经济体	2016 年	2017 年	经济体	2016 年	2017 年	经济体	2016 年	2017 年
欧盟	20.9	22.7	英国	46.6	51.2	德国	11.7	13.4
德国	30.1	34.3	欧盟	46.7	48.0	英国	9.2	11.0
中国	6.6	8.0	德国	43.1	45.9	欧盟	8.2	9.0
世界	8.1	9.1	韩国	32.4	29.9	巴西	6.5	7.5
巴西	14.6	16.6	美国	28.3	29.9	日本	4.2	4.9
英国	25.4	30.2	世界	18.6	19.4	美国	3.7	4.2
日本	9.4	11.1	巴西	17.4	19.2	法国	3.5	3.9
美国	8.8	10.1	日本	11.2	13.9	世界	3.1	3.6
韩国	3.5	4.0	中国	10.1	11.8	中国	2.7	3.4
OECD	11.9	13.3	OECD	29.9	31.0	OECD	4.9	5.4
非 OECD	5.1	6.0	非 OECD	9.7	10.7	非 OECD	1.9	2.3

注：电力转型是用可再生能源发电量占总发电量比重表示。

资料来源：根据《BP 能源统计 2018 年》相关数据计算。

（十亿美元）

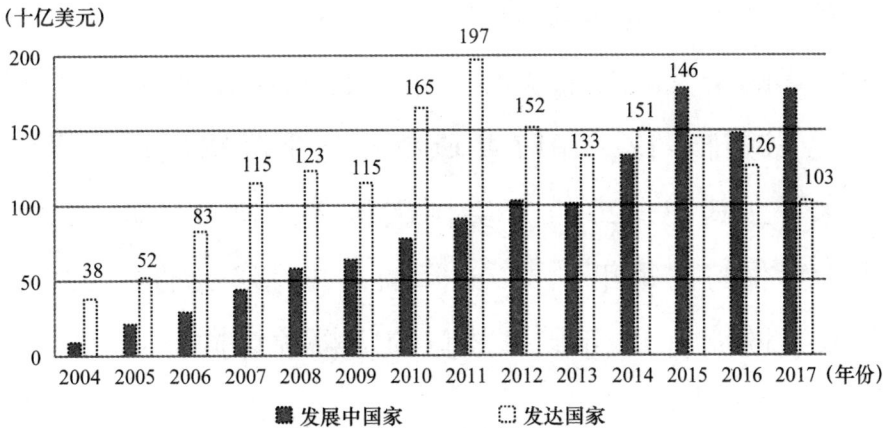

图3　2004—2017 年全球可再生能源投资情况

资料来源：UN Environment，Bloomberg New Energy Finance。

（2）各国能源转型步调不一致，全球减排形势依然不乐观

近些年来，在全球能源新老问题交替出现的同时，不同国家主体之间的能源利益分化趋势极为显著。例如，美国特朗普上台后大力倡导传统能源发展，尤其是鼓励美国煤炭产业复兴，为了美国利益优先，美国不顾国际社会谴责悍然退出"巴黎协定"。由于对可再生能源政策支持力度下降，美国的化石能源消费出现大幅增长，2018 年美国石油消费增量重回世界第一的位置，增加了 54 万桶/日，增长了 2.7%。由于化石能源消费增长快于清洁能源，美国二氧化碳排放出现逆转，2018 年美国温室气体排放量增长 3.4%，结束连续 3 年下降的趋势。除美国的单边行动之外，由于近年来欧洲国家经济复苏势头欠佳，其对绿色能源的发展支持的力度也随着债务问题的积压而出现滑坡，大大影响了其减排的决心。相关数据显示，① 由于欧美放缓了减排步伐，2017 年碳排放量下降幅度均小于过往水平，其中，2017 年美国碳排放下降 0.4%，低于前十年保持的每年 1.2% 的降幅，并且煤炭消费出现了增长；欧洲 2017 年碳排放量的降幅预计同样会低于过

---

① 俞琴：《"全球碳项目"报告：2017 年全球碳排放强劲反弹》，2017 年 11 月 13 日，搜狐网，http：//www.sohu.com/a/204132842_ 313745。

去10年2.2%的降幅。相比于其他国家在能源转型进程中的反复，中国继续坚持能源革命的方式推进能源转型，2018年中国石油消费增量出现下降。中国汽车工业协会数据显示，2018年，新能源汽车产销分别完成127万辆和125.6万辆，比上年同期分别增长59.9%和61.7%。然而，由于全球能源化石消费继续增长，全球碳排放下降依然任重道远。2018年世界一次能源消费中，石油位列第一，占比为31%；煤炭位列第二，占比26%。纵向来看，2018年煤炭消费比重较2000年出现了回升。由此来看，高碳能源消费比重依然较高，减排压力依然较大。根据国际能源署报告，[①]

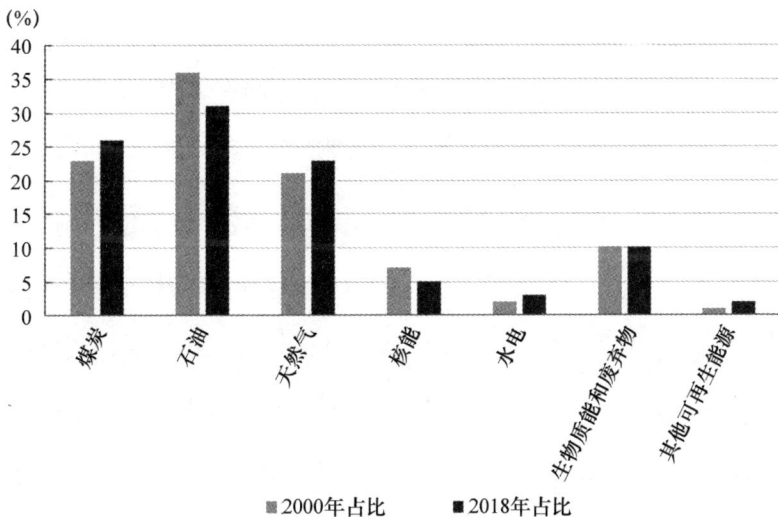

图4　2000年和2018年世界一次能源消费构成对比

资料来源：IEA。

[①] 中国电力企业联合会：《2018年全球碳排放创新高》，2019年4月1日，中国电力企业联合会网，http://www.cec.org.cn/guojidianli/2019-04-01/189919.html。

2018 年全球与能源相关的二氧化碳排放较 2017 年增加 1.7%，达到 330 亿吨，自 2017 年反弹升高后再次攀升。

（3）新能源技术方向选择呈现出多元化，能源转型技术路径面临三难问题

技术创新可能会带来更低廉的非石油基础燃料、高效汽车电池和更少线损的远距离电力输送，虽然不足以替代现有的大部分石油需求，但会显著减少所有经济大国的石油强度（每单位 GDP 所使用的石油量）。[①] 美国能源结构清洁化转型的实践表明，基于生产技术的创新，使得低成本的天然气大量利用成为可能，进而造成低排放的天然气对高排放煤炭的替代，实现天然气发电比重从 2008 年的 21% 左右，提升到当前的 33%。[②] 由于各个国家能源资源禀赋和产业技术路径的差异，使得在推进新能源发展的过程中技术选择日益多元化。例如，美国的页岩油气开采技术大大提升了美国的能源自立性，而日本和韩国则在加大对氢能的开发利用，中国目前在太阳能和风电装机设备上技术进步加快，巴西提出"乙醇计划"，印度则明

---

① ［加拿大］瓦茨拉夫·斯米尔：《能源神话与现实》，北京国电通网络技术有限公司译，机械工业出版社 2016 年版，第 87 页。

② Barack Obama, "The Irreversible Momentum of Clean Energy: Private-sector Efforts Help Drive Decoupling of Emissions and Economic Growth", *Science*, Vol. 355, January 2017, pp. 126 – 129.

显加大了太阳能光伏技术支持。与此同时，出于安全考虑，德国已经放弃核电开发；而法国也明确表示要加大可再生能源发展支持力度，以降低对核电的依赖。整体来看，目前各项新技术仍处于并行阶段，颠覆性的主导技术并没有形成，这也从侧面反映出新能源技术创新仍然蕴藏重要机遇。

然而，在技术选择多元化的同时，能源转型技术路径选择仍面临能源安全、环境保护和经济可行的三难问题。从能源绿色转型的初衷和落脚点来看，能源绿色转型的目标无疑是实现能源安全、环境保护和经济可行三者之间并行不悖的长期均衡问题，显然，能否实现三者的均衡是能源绿色转型成败的关键，自然也是技术路径选择无法回避的现实问题。国际能源署公报显示，虽然2018年太阳能增长高达31%，和风力发电均呈现两位数增长，但速度仍赶不上电力需求，煤用量因此增加，进而使得2018年火力发电导致的碳排量首度超过100亿公吨。由此来看，能源安全问题依靠可再生能源依然无法保障。从各国实践来看，三难问题依然突出，具体表现为新能源电力的价格成本依然较高，竞价上网优势依然不突出。可以说，发展可再生能源不仅是简单的能源替代问题，更是一个严肃的经济问题。以法国为例，为减少核能发电比重和增加可再生能源发电比重，到2030年，电力生产所需的投资可能将达到 2620 亿欧元，其中风能、太阳能和生物发电等可再生能源方面的投资将高达 1800 亿欧元，占电力生产投资的一半以上。① 此外，从全生态链的角度来看，越来越多的反对人士强调，能源转型技术并不是亲环境型的。

3. 全球能源供需格局变化带来的主要影响

（1）美国由净进口国变成净出口国，"美国优先战略"将增加油气市场复杂性

美国成功开启的页岩油气革命成为世界能源供需格局演变历程中的转折性事件。根据 BP 统计，2015 年美国原油产量超过俄罗斯，2017 年再次超越沙特，成为世界第一石油生产国。天然气产量方面，自 2012 年以来美国一直是世界第一生产大国，到 2017 年其产量占世界的份额达到 20%。2015 年美国解除长达 40 年的原油出口禁令，之后出口规模不断创下新高。例如，2018 年，美国原油日出口升至 200 万桶，几乎是 2017 年 120 万桶/日的两倍，当年天然气出口总量增长 14%，液化天然气出口增长 53%，达到每日 30 亿立方英尺。美国从全球最大的能源需求主体变成最大的油气生产主体，其对全球油气市场的影响力也在大幅增

---

① 《法国能源转型之困》，2018 年 8 月 9 日，新华网，http://www.xinhuanet.com//globe/2018-08/09/c_ 137371405. htm。

强（目前来看，美国原油库存增减已成为全球石油价格的重要风向标）。特朗普政府上台以来，"美国优先"战略更是加快了其在能源市场的竞争进程，一方面美国加大对传统原油生产国的经济制裁；另一方面，通过政治施压的方式影响能源需求国进口美国油气。其中，美国近年来明显加大了对欧洲油气进口渠道多元化的政治压力，突出表现为俄罗斯与德国的"北溪—2"项目被美威胁制裁。与此同时，基于自身能源供应安全考量，欧洲偏向平衡的策略选择致使其在进口天然气方面与美国合作的意愿在加强。相关数据显示，2018 年美国 LNG 出口量为 2105 万吨，同比上升63.2%。自 2018 年 7 月至 2019 年年中，欧盟从美国进口的 LNG 同比增长了 272%，其中 2019 年 3 月欧盟与美国的 LNG 贸易量超过 14 亿立方米，创历史新高。① 未来不难预料，出于能源出口利益的现实需要，美国、沙特、俄罗斯在能源市场份额的竞争将加剧，沙特与俄罗斯 2016 年成功达成减产协议并在推动石油价格稳步提升上保持明显的步调一致，也是积极应对美国增产和出口增加的现实需要。此外，波斯湾油气出口国在失去美国市场之后寻求向欧洲出口能源，尤

---

① 《欧盟自美国进口液化天然气大幅增长》，2019 年 5 月 1 日，新浪网，http://finance.sina.com.cn/roll/2019-05-01/doc-ihvhiewr9275344.shtml。

其是伊朗、卡塔尔谋求铺设直通欧洲的天然气管线以将各自的天然气输入欧洲，欧洲市场卖方之间的竞争将加大。

（2）中东地缘政治关系更加复杂，OPEC＋减产联盟将面临挑战

长期以来，中东地区基于宗教矛盾形成了阿拉伯世界与以色列、沙特为首的穆斯林逊尼派与伊朗为首的什叶派的内部矛盾，这种矛盾为域外大国推动平衡战略、寻求代理人提供了实用主义外交的平台。在此情况下，形成了美国与沙特的"石油美元"同盟关系和美国与以色列的战略同盟关系。然而，近年来，中东地缘政治形势更加复杂。一方面，伊朗在美国奥巴马政府核协议制裁放松的影响下，地缘政治影响力显著增强，引发了沙特和以色列的高度警惕，加之美国特朗普退出《伊核协议》并恢复对伊朗制裁，使得美国在中东的影响力进一步加强。另一方面，俄罗斯通过叙利亚军事行动在一定程度上调动了中东地区大国关系，建立起了以俄罗斯为核心的多重关系网络，其中之一就是俄罗斯、叙利亚、土耳其、伊朗结成了某种"志愿者同盟"，出于不同目的开展了"临时性合作"[1]。整体来看，美俄之间的地缘竞争，美伊形势的

---

① 冯玉军：《欧亚新秩序（第二卷）：〈俄罗斯转型：对外政策与中俄关系〉》，中国社会科学出版社 2018 年版，第 53 页。

不确定性，以及伊朗与沙特之间不可调和的宗教矛盾将对 OPEC＋减产协议造成挑战。沙特表示，会配合美国对伊朗的制裁，将不经 OPEC 会议同意，填补因制裁产生的原油供应缺口。为了削弱俄罗斯利用石油外交的影响力，美国对俄罗斯的制裁措施就包括禁止出口支持俄罗斯深水、北极近海或页岩项目勘探或生产所需的货物、服务或技术，以遏制俄罗斯的产油潜力。退一步讲，美国基于国内政治的需要，尤其是作为汽车上的国家，油价太高也不符合其政治利益，因此，美国有意或无意都会对 OPEC＋所推进的减产联盟进行分化或施压。

（3）全球供求格局变动加剧市场博弈，石油价格波动性明显加大

从油价的波动情况来看，经过 1985—2005 年油价低位的长周期，2005—2014 年世界油价见证了一个新的高位期，而且期间的波动明显加大。从近年来的全球石油市场供求格局来看，在全球经济艰难复苏的背景下，美国、OPEC 和俄罗斯成为全球石油市场的重要供给方，利益诉求的不一致很容易造成油价的波动。一方面是油价的高企带动了北美页岩气和重油开采的大幅增长，石油全球供求格局的变动直接带来油价的震荡，2014 年下半年世界油价进入下行震荡时期。另一方面，油价的低位运行大大加剧了主要石油生产国的经济脆弱性，为了提振油价，2016 年 12 月，沙特和俄罗斯达成协议，联合减产推高全球油价。两国合作效果立竿见影，2017 年 10 月，减产协议使油价提高到 60 美元/桶，2018 年 5 月最高超过 80 美元/桶。与此同时，中东形势波谲云诡，并在域外大国干预下带来不确定性增强，围绕着美国和伊朗问题的制裁形势将放大市场的波动性。2018 年国际油价波动性加大，全年最大波幅达 71%。具体来看，截至 2018 年 12 月底，布伦特原油现货离岸价格为每桶 50.57 美元，较 11 月底下跌 7.14 美元，较 2018 年年初已下跌 16.08 美元，此前 2018 年 11 月底价格比 10 月底下降 17.11 美元/桶，价格水平基本跌落至 2017 年平均水平。进入 2019 年，全球经济下行、地缘政治因素、"美国优先"战

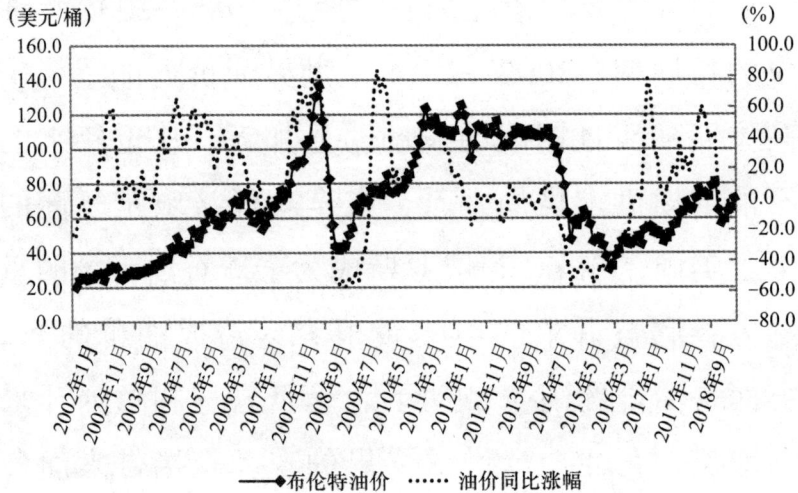

图5　2002 年以来布伦特原油价格及其涨幅变化情况

资料来源：Wind 数据整理计算所得。

略以及 OPEC + 减产等诸多因素相互叠加，严重干扰了全球能源市场的稳定。2019 年第一季度，国际油价震荡上行并刷新了近十年来的单季最大涨幅。纽约、伦敦两地基准油价中，涨幅最大的纽约市场西得克萨斯轻质原油主力期货价格连续 3 个月上涨，带动一季度累计上涨超过 31%，刷新了 2009 年二季度以来的单季最大涨幅；英国北海布伦特原油主力期货价格同期上涨 25%，也创下近十年来的单季最大涨幅。

（二）　中国在全球能源变局的作用及其可能受到的影响

1. 能源安全形势面临更严峻的挑战

2017 年，中国进口原油量（年均 840 万桶/日）已经超越美国（790 万桶/日），成为全球第一大原油进口国。继 2017 年成为全球最大原油进口国之后，2018 年中国超越日本成为全球最大天然气进口国（中国 LNG 净进口增量为 1600 万吨，占全球增量的 59.26%，位居世界第一）。这就意味着 2018 年中国成为全球石油和天然气"双料"第一进口大国。进口规模的大幅攀升直接表现为对外依存度的提升。2018 年原油进口 4.6 亿吨，增长 10.1%，进口与生产比例为 2.44∶1，对外依存度达到 71%；2018 年中国天然气累计进口规模达到9039万吨，同比增长31.9%，进口量与生产量之比为0.77∶1，对外依存度升至45.3%，较上年提高了4个百分点。随着经济社会发展形势的变化，能源领域也出现了总体供需宽松与个别品种区域性、时段性供给紧张并存的局面，能源发展不平衡不充分问题日益突出。例如，北方地区气温骤降，居民供暖用气需求激增。2018年12月29日，中国石油全口径天然气销量当日达到7.03亿立方米，首次突破7亿立方米，创历史新高。按照国家天然气"十三五"规划，到2020年，中国天然气占一次能源消费比例要提升至8.3%—10%，城镇人口天然气气化率由2015年的42.8%提升至57%。当前中国天然气占一次性能源消费量的比例仅约6.6%，而美国和日本该比例已经到达约28.45%及22.06%，着眼于长远，可以预见中国能源安全形势将更加严峻。

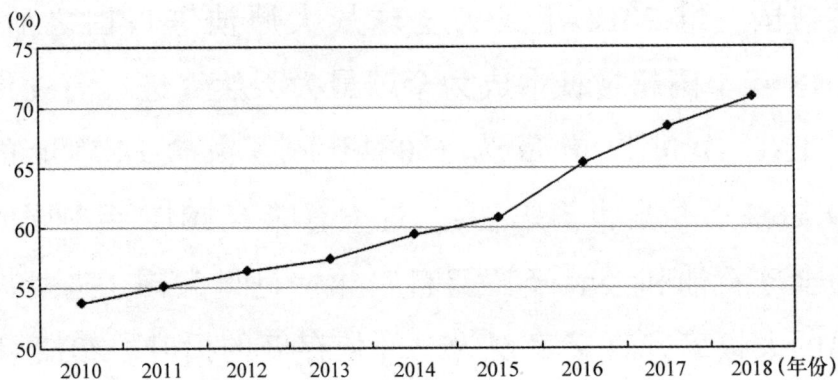

图6　2010—2018年中国原油对外依存度情况

资料来源：中国海关总署。

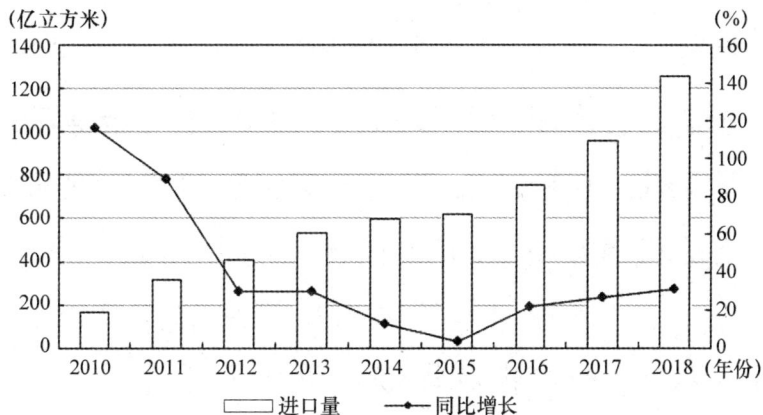

图7　2010—2018年中国天然气进口量及其增长率变化情况

资料来源：中国海关总署。

2. 全球能源变局对中国的可能影响

（1）多元供给将加大全球能源市场竞争，能源需求大国的作用将获得提升

如前所述，由于受到页岩技术革命的影响，美国成为全球油气净出口国。美国由需求方转变为关键的供给方，极大改变了全球能源市场格局。一方面，美国能源自主性的增强，将会对其他主要出口美国的能源生产国带来影响，使其向其他市场转型，增加的市场供应主体将造成潜在的竞争。例如，波斯湾油气出口国在失去美国市场之后寻求向欧洲出口能源，尤其是伊朗、卡塔尔谋求铺设直通欧洲的天然气管线以将各自的天然气输入欧洲。另一方面，美国作为关键的供给主体，其大幅增加的油气产量将增加市场供应，

大大抑制油气价格上行，促进了能源需求主体的议价地位改善。整体而言，在供给侧主体增多的情况下，需求主体的议价能力明显增强，中国作为全球第一大油气进口国，其经济发展形势及油气消费状况将成为全球能源市场变化的重要风向。与此同时，近年来，随着新兴经济国家对能源需求的持续增长，如何形成能源购买者联盟以提高市场议价能力并维护能源消费国权益成为现实需要。有分析指出，随着中国和印度对外能源依赖度提升，两国开始协调石油采购立场，并着手商讨成立"石油买家俱乐部"，以便在原油定价和采购方面拥有话语权。[①]

（2）能源进口依赖度大幅提高，供求格局的变化将造成能源安全形势更加复杂

能源供给主体的增多虽然为中国油气进口多元化提供了现实条件，但进口依赖度的不断提高也将放大中国能源安全的风险敞口。一是进口依赖度的提高给予市场清晰的国内供给不足的信号，在需求刚性的约束下，对外购买的议价能力将处于不利地位。例如，2018 年中国成为油气双料进口第一大国，然而仍然没有对应的价格主导权。海关数据显示，2018 年中国进

---

① 《中印协调石油采购立场，商讨成立"石油买家俱乐部"》，2019 年 5 月 8 日，参考消息网站，http://www.cankaoxiaoxi.com/finance/2019 0508/2379468. shtml。

口价格总体上涨 6.1%。其中，原油上涨 30%，成品油上涨 20%，天然气上涨 22.9%。二是国内受国外能源市场的波动性影响更大，经济社会安全问题将会伴随产生。国内供求缺口的拉大直接造成进口依赖度提高，而对外较高的依赖度使得与全球能源市场的联系进一步密切，应对短期市场波动风险的被动性将显著加大，这无疑会给国内经济社会发展带来直接间接的不利影响。例如，围绕着中亚输气管道"断供"问题引发的国内恐慌情绪和用气价格飙升突出显示了这一问题的现实性。三是能源进口依赖度提高将促进更加多元化的海外投资形成，但地缘政治风险在供求格局变化的背景下显著提升，无疑将会带动海外经营风险的大幅提升，显然不利于海外油气供应保障能力建设。四是基于海外能源权益考量，主动或被动的地缘政治博弈参与将增加，国际外交政策面临平衡考验。近年来，围绕着美国与伊朗关系、美国与委内瑞拉关系以及中东问题展开的地区紧张形势显著升温。这些地区存在中国大量的海外油气权益资源，如何保护权益资源成为日趋紧迫的要求。

（3）全球能源变局蕴藏能源治理体制改革契机，有助于中国贡献新理念和新方案

在全球能源供求格局演变的过程中，传统的能源治理体制机制已经无法满足现实需要，这就为开展全球能源治理体制改革创造了有利契机。从已有的世界能源组织来看，其关注的目标和范围不仅使其职能局限于相对狭隘的治理目标上，无法满足全球能源新问题的治理要求，而且这种各有侧重的全球组织使本已复杂的治理问题因小利益集团的增多而更为复杂，组织的"碎片化"和"区块化"极大影响了集体行动的效力和效率。例如，随着发展中国家近年来在新能源发展上取得了重要成效，光伏、核电和风电等已处于明显的比较优势地位，其全球竞争力明显增强，但为了阻碍发展中国家新能源领域的发展壮大，围绕着新能源的"双反调查"可谓此起彼伏，例如，2012年欧盟和美国轮番对中国光伏产品进行"双反"调查。从已有的能源治理体制来看，并没有针对能源技术及产品贸易遭受不公平待遇的管制办法。为应对全球气候变化，在全球能源治理层面上，出现了类似于国际可再生能源署（IRENA，International Renewable Energy Agency）和可再生能源和能效伙伴关系的机构组织，但其对主权国家在节能减排以及能源绿色转型中所发挥的作用却是相当有限的，甚至对于一些大国完全没有任何约束力，极大影响了其在全球共同议题上所发挥的作用。自党的十八大以来，中国结合国内能源体制机制改革和市场化推进，以及对外能源合作投资和能源资源权益的不断增长，也开始不断参与到世界能源治理体系中来，并积极为全球能源治理变革贡献了中国方案。例如，杭州 G20 峰会绿色能源发展倡议，以及成立"一带一路"能源合作伙伴关系等。

表2　　　　　　　　　　世界主要能源组织的目标与范围

目标	IEA	OPEC	IAEA	IRENA	IEF	WB	WTO	UNFCCC	EITI
能源安全	√	√	√	√	√	√			
经济发展（能源贫困）	√	√			√	√	√		
国际安全			√						
环境保护	√		√	√		√		√	
国内善治	√								√

资料来源：Graaf TVD, Colgan J., "Global Energy Governance: a Review and Research Agenda", *Palgrave Communications*, Vol. 2, 2016, p. 15047。

3. 全球能源变局与中国作用的发挥

从全球能源变局对中国的可能影响来看，既有积极的促进方面，也有对挑战不利的因素。正如习近平总书记所指出的，"放眼世界，我们面对的是百年未有之大变局"。在机遇与挑战并存的全球能源变局中亟须更好地发挥中国的作用。

（1）当前能源变局对中国的影响是全面复杂的，坚持形成正确的中国能源安全观

全球能源供需格局变化的深刻性体现在两个方面：一是全球传统化石能源供应进入后 OPEC 时代，供给主体的增多将带来市场竞争加剧，为了维持市场份额和垄断价格，供给主体之间的协议性或临时性合作将成为常态。二是能源转型成为世界趋势，但能源转型对传统能源供求格局以及转型中的过渡能源依赖性加大造成的安全性问题将日趋显性化，转型过渡本身充满的不确定性将进一步影响全球能源变局，可以预计异质性主体利益的增多，将大大加剧全球能源市场的不安全性。从中国的情况来看，目前中国已经是油气双料进口大国，油气对外依赖度不断提升，以煤为主的能源禀赋使得在绿色转型进程中"过渡能源"供应的安全性问题日益突出，加之新能源发电量占比依然较低等，使得中国的能源安全形势较以往任何时候都更为严峻。

2018 年 12 月 27 日，国家能源局党组书记、局长章建华在 2019 年全国能源工作会议上，就 2019 年中国能源发展态势、政策取向和重点任务进行了全面解读。其指出，中国能源发展的老问题新情况也在不断交织集聚、叠加演化，风险挑战进一步加剧，突出表现在：一是保障能源安全面临重大考验。中国是世界上最大的能源生产国和消费国，保障能源安全始终是一个重大战略问题。一方面，中国经济社会发展对油气需求日益增加，油气对外依存度不断攀升。另一方面，国际局势复杂变化，非传统安全威胁日益凸显，对中国保障能源安全不断提出新挑战、增添新风险。

二是能源供给侧结构性改革任务艰巨。在中国能源供给保障能力持续增强的同时，随着经济社会发展形势的变化，能源领域出现了总体供需宽松与个别品种区域性、时段性供给紧张并存的状况，这种状况将长期性存在，能源发展不平衡不充分问题日益突出。针对安全调整，章建华局长表示：要处理好国内与国际的关系，坚持把能源安全保障牢牢把握在自己手里，既要着力推动油气勘探开发、增储上产，合理控制对外依存度，也要加大对外开放力度，增强多轮驱动、多元供应的协同保障能力。2019 年 1 月 8 日，国务院副总理韩正在国家能源局调研时同样强调指出，保障能源安全，事关国家发展大局。要立足中长期能源需求走势，加快实施重点项目和重大举措，加大油气勘探开发力度，加快天然气产供储销体系建设，提供稳定的政策支持，强化油气供应保障能力。整体而言，坚持正确的能源安全观就是把保障能源安全始终作为一个关系国计民生的重大战略问题来考量。

（2）深入贯彻"四个革命，一个合作"新能源治理理念，统筹推进国际国内协同发展

2014 年 6 月，中央财经领导小组第六次会议聚焦能源安全战略，习近平总书记在提出推动能源消费、能源供给、能源技术和能源体制四个方面的革命的同时，提出要"全方位加强国际合作，实现开放条件下能源安全"。能源生产和消费"四个革命、一个合作"的体系日渐清晰，为能源战略发展指明了方向，能源革命的理念随后被纳入"十三五"能源规划，并在《能源发展战略行动计划（2014—2020 年)》中得到体现。国际社会普遍认为，此次会议标志着中国已经进入能源生产和消费革命的新时代。[①] 可以说，"四个革命，一个合作"不仅为中国当前及未来如何统筹国内国际两个大局来保障中国能源安全提供了战略性指导，而且给出了国内如何实现能源绿色转型和能源效率提升的战略性改革路径。

对内改革和对外合作始终是中国能源安全建设体系的两翼，尤其是在当前全球能源变局的时代背景下，对内对外两个统筹更具战略意义。国家能源局局长在《深入贯彻落实能源安全新战略》中对于新时期如何更好地通过国际国内统筹来保障能源安全进行了深刻全面的诠释，无疑也为如何行动提供了目标和方向。在其看来，未来国内国际统筹主要是做好三项工作。一是着力夯实能源安全发展基础。要把推进油气产业发展作为重中之重，推动落实油气探矿权竞争出让、加快区块流转、设立综合性示范区等政策措施，大力

---

① 《党的十八大以来我国全面推进能源革命述评》，《中国电力报》2017 年 7 月 3 日，http：//www. cec. org. cn/yaowenkuaidi/2017-07-03/170 391. html。

提升油气勘探开发力度；加快推进天然气产供储销体系建设，深入挖掘气田增产和管网互联互通潜力，科学有序推进煤制油、煤制气等示范项目，积极推动管道储气设施建设和天然气价格市场化改革，举全行业之力把这项工作抓紧抓好、抓出成效。二是着力增强能源发展内生动力。要积极推进油气管网运营机制改革，完善油气管网设施公平开放机制，促进油气市场多元竞争。要集中攻关关键核心技术，加快突破智能电网、先进核电、燃气轮机、氢能和燃料电池、深海与非常规油气等领域关键核心技术，力争在解决"卡脖子"问题上取得新突破。三是着力提高"一带一路"能源合作水平。要深化重点项目合作，加强海外油气合作体系建设，强化核电战略合作，建设运营好中巴经济走廊能源项目等标志性工程，务实推进与周边国家能源互联互通。积极推动国际能源治理变革，充分发挥能源合作平台作用，为构建国际能源治理新秩序提供中国方案。

（三）中国经济高质量发展对能源安全发展提出的新要求

1. 经济高质量发展的本质与要求

党的十九大报告明确提出了"中国经济已由高速

增长阶段转向高质量发展阶段"的重大科学判断。
2017 年中央经济工作会议指出，"推动高质量发展是
当前和今后一个时期确定发展思路、制定经济政策、
实施宏观调控的根本要求"。高质量发展，就是能够很
好满足人民日益增长的美好生活需要的发展，是体现
新发展理念的发展。[1] 在理论上，高质量发展是以新发
展理念为指导的经济发展质量状态：即创新是高质量
发展的第一动力，协调是高质量发展的内生特点，绿
色是高质量发展的普遍形态，开放是高质量发展的必
由之路，共享是高质量发展的根本目标。[2] 新时代高质
量发展应体现产业产品的创新性、城乡地区以及经济
与其他领域的协调性、环境资源利用的可持续性、经
济发展的对外开放性和发展成果的可共享性。[3] 高质量
发展的内在要求重点体系在四个方面：一是坚持质量
第一，实现高水平经济循环；二是坚持效益优先，实现
要素高效配置；三是坚持创新驱动，实现活力充分释
放；四是坚持共创共享，实现以人民为中心的发展。[4]

---

① 何立峰：《大力推动高质量发展，积极建设现代化经济体系》，
《宏观经济管理》2018 年第 7 期。
② 任保平、文丰安：《新时代中国高质量发展的判断标准、决定因
素与实现途径》，《改革》2018 年第 4 期。
③ 马晓河：《经济高质量发展的内涵与关键》，《经济参考报》2018 年
7 月 13 日，http://www.gmw.cn/xueshu/2018-07/13/content_ 29840680.
htm。
④ 何立峰：《大力推动高质量发展，积极建设现代化经济体系》，
《宏观经济管理》2018 年第 7 期。

由此来看，面对新时期的新要求，推动高质量发展必须坚持质量第一、效益优先，加快推动质量变革、效率变革、动力变革。从能源资源的角度来看，高质量发展要求能源利用效率改进、能源技术创新突破、能源绿色低碳环保、能源市场配置作用增强，以及能源对外开放质量提升等。

2. 高质量发展对能源发展提出的新要求
（1）高质量发展体现绿色发展理念，能源绿色转型是高质量发展的内在要求

2015 年 10 月，党的十八届五中全会强调，实现"十三五"时期发展目标，破解发展难题，厚植发展优势，必须牢固树立并切实贯彻"创新、协调、绿色、开放、共享"的发展理念。习近平总书记指出："绿色发展，就其要义来讲，是要解决好人与自然和谐共生问题。"由此来看，绿色发展理念以人与自然和谐为价值取向，以绿色低碳循环为主要原则，以生态文明建设为基本抓手。理念的提出明确宣告了高投入、高消费、高污染的传统发展方式将会向绿色循环低碳的发展道路转型，过往依靠牺牲生态环境的粗放模式将向经济社会与资源环境的协调发展转变。

《能源发展"十三五"规划》明确提出中国未来要着力构建"清洁低碳、安全高效"的现代能源体

系，"清洁"首次排在中国能源体系的修饰语的首位，这也就意味着中国能源发展思路发生了重大转变。可以说，优化能源结构，实现清洁低碳发展，是推动能源革命的本质要求，也是中国经济社会转型的迫切需要。由此来看，"五大发展理念"不仅成为指导中国经济社会发展的行动指南，而且也成为能源工作的行动指南。由高质量发展的内涵和本质要求来看，高质量发展是要实现环境保护、人与自然协调发展，这就需要推进能源绿色转型，实现清洁低碳能源体系的构建。

（2）高质量发展要求效益优先，要求能源资源要素高效配置

在高速发展阶段，经济增长方式比较粗放，要素驱动特征明显，带来的结果就是效益差，尤其表现为能耗水平高。可以说，在粗放型经济发展模式的直接、间接影响下，不仅形成了"三高一低"的不合理产业结构，进一步加剧了高碳能源的消费紧张态势，而且也造成了因能源资源需求持续走高下的世界"大宗商品超级周期"（大宗商品价格因中国的需求而出现价格大幅上涨），使得中国能源资源对外依赖度大幅提升。

高质量发展就是要实现提质增效，切实发挥市场配置资源的决定性作用，推动生产要素从低质低效领域向优质高效领域流动。能源资源是物质生产活动的必要投入品，是高质量发展的重要基础条件。在能源资源稀缺性的客观约束下，高质量发展要求能源资源高效优化配置。一是要切实发挥市场机制的作用，通过价格机制改革形成有利于能源资源优化配置的价格体系，倒逼产出低、效益差的用能结构逐步退出、淘汰。二是要更加注重能源资源的社会效益最大化。一方面，加快完善能源资源环境保护制度建设，切实保障能源资源的合理有序开发，避免出现生态破坏和非集约开采问题。另一方面，防止能源资源利用过程中的污染生态问题，注重节能、环保型技术的应用。三是要更加注重能源效率提升和节能。以最少的投入实现最高的产出是高质量发展的本质要求，这就需要加快能源效率提升和推进节约型社会建设，切实以最小的能源消耗实现经济质量和效益的提升。

（3）高质量发展是动力变革，要求能源产业为经济增长增添绿色新动能

经济增长是在能源动力变革的基础上实现的，无论是蒸汽机的发现还是电力的发明，均证明了能源革命将为经济增长提供新动能。目前来看，以新能源为动力的第三次能源革命已成为各国战略争夺的焦点。中国能源领域的新经济、新业态异军突起，为经济增长增添了新的动能。可以说，从近年来的观察来看，新兴能源产业不仅为经济发展提供了清洁的动力，而且成为经济增长的新亮点。近年来，作为有效投资的重要组成部分，清洁能源投资的快速增长为中国经济稳中向好奠定了坚实基础。从前述的数据来看，风电、光伏发电、生物质能发电和核电等清洁能源的投资保持了快速增长，未来要实现清洁能源占能源消费比重的进一步增加，会激发更大的投资空间。与投资带动生产侧增长的同时，清洁能源发展也促进了需求及满足需求服务的新业态的成长，例如，分布式能源、能源互联网、电动汽车、低碳工业园区等能源消费形式或技术创新成果，产生了较大的外溢效果，一批科技企业应运而生并快速发展，社会就业和企业盈利能力也因此获益。正如国际能源署所指出的，中国的光伏发电、风力发电以及相关设备制造均居全球最高水平，引领了世界相关产业发展。此外，煤炭清洁化利用、煤电超低排放、油品质量提升等技术改造，为传统能源创造了新的发展空间。分布式能源的发展改善了中国的能源供给结构，解决一些边远地区的无电问题，增加了人民的获得感。同时，发展新能源产业也成为一些贫困地区增加收入、脱离贫困的重要依托。

（四）新形势下提升中国能源安全保障的政策建议

1. 加快构建清洁低碳安全高效的能源体系

深入推进能源生产和消费革命。中国作为能源消费大国，能源供应安全形势在当今世界能源供需变局中日趋严峻，这就要求我们继续坚持国内国际两种市场、两种资源的战略思路，对内通过增强能源生产供给能力和加快能源进口替代以推进能源绿色转型，对外要坚持推进能源治理体系变革和加强合作。

着力夯实能源安全发展基础，就是要推进能源生产和消费革命。近年来，中国原油产量持续下滑，天然气消费快速增长，使得稳油增气成为巩固能源生产安全的重要途径，而要实现稳油增气的发展局面，就需要持续推进能源供给侧改革，着力在一些有利于推进油气产业持续健康发展的领域取得改革突破。例如，加快推动落实油气探矿权竞争出让、加快区块流转、设立综合性示范区等政策措施，大力提升油气勘探开发力度；加快推进天然气产供储销体系建设，深入挖掘气田增产和管网互联互通潜力，科学有序推进煤制油、煤制气等示范项目，积极推动管道储气设施建设和天然气价格市场化改革。在消费端，要继续深入推进节能增效活动，加快落后高耗能产业的淘汰步伐，推进能源清洁消费替代，不断降低能源消费总量。

与此同时，要着眼于中国构建清洁低碳安全高效能源体系的战略需要，全面推进能源绿色转型。考虑到中国能源资源禀赋和清洁能源技术经济特点，要实现能源绿色转型发展，必须从增量和存量入手，一方面要通过提效节能和清洁化低碳化开发应用的方式实现化石能源的绿色转型，另一方面，则要大力发展新能源和可再生能源实现增量优化，进而推动能源结构在增量和存量协同共进下的绿色转型。

2. 加强双边和多边能源合作机制建设

推进全球能源治理变革。随着全球层面能源老问题新问题的日益增多并交织重叠，加之一些主体仍局限于狭隘的自身利益或成员有限的小集团利益，使得全球能源安全形势较以往更为复杂多变，这就更需要构建旨在促进全球能源问题应对与解决的全球治理体系。2018 年国际油价波动性加大，全年最大波幅达71%。中国作为全球重要的能源生产、消费和贸易大国，在追求全球能源市场波动的可控以及能源经济的可持续发展上与绝大多数国家的利益是一致的。《中国的能源政策（2012）》白皮书明确指出，中国要"积极参与全球能源治理，加强与世界各国的沟通与合作，共同应对国际货币体系、过度投机、垄断经营等因素对能源市场的影响，维护国际能源市场及价格的稳定"。2013 年习近平主席首访选择俄罗斯并在俄罗斯莫斯科国际关系学院演讲时首次提出"人类命运共同体""全球能源命运共同体"，为全球能源新议题的解决和推进全球能源治理变革提供了新理念。

近年来，中国积极推动国际能源治理变革，充分发挥能源合作平台作用，为构建国际能源治理新秩序贡献了诸多中国方案和智慧，并有效推动了双边和多边能源合作机制建设，大大巩固了中国能源供应安全的全球合作基础。以中俄为例，两国双边能源合作机制日趋成熟，在定期举行的两国总理会晤机制的推动下，中俄两国的能源合作已经从油气领域向核能、电力、煤炭等领域扩展，中俄能源合作的内涵更加丰富，合作水平也得到了进一步的提升。目前，两国正在推进的中俄能源合作商务论坛将为双方能源企业密切合作提供交流平台。从多边合作机制情况来看，中国提出的"一带一路"倡议在推进多边能源合作交流机制建设中的平台作用日益显现，2019 年"一带一路"能源合作伙伴关系成立，标志着"一带一路"双边、多边能源务实合作取得积极进展。与此同时，作为 G20 机制和全球能源气候治理的重要利益攸关方，随着在

G20 的话语权提升，中国将会积极依托 G20 框架，建立各种层次的能源对话渠道，不断在全球能源气候治理和世界能源治理体系构建过程中发出中国声音和提出中国方案。

二 中国能源安全状况
评价与比较

能源安全是国家安全的重要内容之一，研究能源安全问题需要利用客观合理的指标对能源安全水平、变化趋势及影响因素进行定量化评价。本报告根据能源安全的影响因素分四个维度构建中国能源安全评价指标体系，以熵值法对各个指标进行赋权，结合改进的 TOPSISI 距离函数模型对中国 2005—2022 年的能源安全水平进行定量化测度与预测，通过灰色关联分析讨论与中国能源安全关联程度最高的因素，最后根据前述分析给出政策建议。

（一）能源安全评价指标体系及数据说明

1. 中国能源安全评价指标体系的构建

为建立科学合理的评价指标体系，一般采用定性分析与定量分析相结合的方法。中国能源安全评价指标体系的构建首先需进行定性分析，按照一定的原则选择评价指标，然后用定量分析的方法，对每个预选指标的可行性进行量化判断，进一步筛选指标，最终确定组成评价指标体系的各个指标。本报告借鉴 IEA 对能源安全的定义，从能源的可获得性、经济性、清洁性和可持续性四个方面，遵循科学性、系统性、客观性、可比较性以及可操作性五项原则，选择内涵明确，能够反映实际情况，尽可能公式简明，可以直接由统计资料给出或能够通过统计资料数据简单计算而得到的指标。[①] 最终选取 25 个指标对中国的能源安全及变化趋势进行评价，各指标含义及解释如下。

（1）可得性

可得性主要反映地缘政治意义上的能源可获得性，需考虑国内外能源基础设施建设情况，能源与社会、政治的关系。基础设施的完备情况及能源进口国的政治经济情况会影响能源供应的可得性。

能源自给率（A1）。煤炭、石油、天然气、一次电力的生产总量与消费总量的比值。能源自给率反映一个国家能源自我保障的能力，是正指标。

能源类行业固定资产投资比例（A2）。能源类工

---

① 陈兆荣、雷勋平：《基于熵权可拓的我国能源安全评价模型》，《系统工程》2015 年第 7 期。

业固定资产投资占全社会固定资产投资的比值。反映能源生产以及加工转换的能力，是正指标。

能源类行业对外投资存量（A3）。中国在海外的采矿业、燃气及电力与水的生产和供应业对外直接投资累计净额。反映中国在海外的能源储备和生产能力，是正指标。

石油进口集中度（A4）。中国在前五大石油进口国进口的石油占石油进口总量的比值。反映中国石油进口的市场集中风险，是负指标。

地缘政治风险（A5）。以中国进口石油量前五的国家为对象，根据世界银行发布的《全球治理指标报告》（WGI 指数），通过腐败控制能力、政府效能、政治稳定性、法治能力、政府监管能力和表达自由与问责能力六个方面的治理能力对进口国的地缘政治安全性进行评价，是负指标。地缘政治风险指数 R_i 的计算公式如下，

$$R_i = 1 - \sum_{j}^{n} p_j \cdot \frac{\sum_{i=1}^{m} w_i}{m}$$

其中 n 为评价对象的数目，本报告中 n 取 5，即考察中国能源进口量前五的国家的地缘政治风险，p_j 是中国向该国进口的能源占中国总进口量的比值。m 表示评价的治理能力种数，本报告根据 WGI 指数报告，其中 m 取 6，w_i 为该国在 i 项治理能力在全部评价对象

中的排位百分比得分。

石油市场流动性（A6）。中国石油进口总量占世界石油出口总量的比值。较高的流动性有利于降低进口石油市场的集中性和地缘政治风险带来的负面影响，是正指标。

外汇储备能力（A7）。外汇储备量。较高的外汇储备使购买国际能源更加便捷，是正指标。

（2）经济性

合理、稳定的价格下得到充足连续的供应是能源安全的经济内涵。能源安全的经济性既包括国内能源使用成本，也包括进口能源的价格和价格的波动性。此外，支付能力也是能源经济性的直接影响因素。

石油进口经济承载力（B1）。石油进口金额与国内生产总值之比。石油进口经济承载力既受国际油价变化的影响，也受国内经济能力的影响，指标中包含了进口石油成本的信息，是负指标。

天然气进口经济承载力（B2）。天然气进口金额与国内生产总值之比。天然气进口经济承载力既受国际天然气价格变化的影响，也受国内经济能力的影响，指标中包含了进口天然气成本的信息，是负指标。

国内能源使用成本（B3）。工业生产者购进价格指数，是工业企业组织生产时作为中间投入的原材料、燃料、动力购进价格的指数，反映工业生产者购进价格变动趋势和变动程度的相对数，是负指标。

国际油气价格波动性（B4）。计算石油和天然气价格的环比增长率，并以当年石油、天然气的进口额占两者进口总额的比值为权数进行加权。价格波动率越小，进口价格稳定性越高，越有利于进口安全，是负指标。

（3）清洁性

能源安全的清洁性反映能源的生产、利用对生态和环境的影响。化石能源的使用带来全球温室气体排放持续增加、生态环境质量不断下降、生态环境恶化加剧等问题，人与自然如何和谐相处以及如何实现绿色发展是当下必须面对的问题。能源结构从高碳向低碳方向发展，能源利用从低效向高效的转变以及可再生新能源的利用程度是衡量能源清洁与否的重要因素。

碳强度（C1）。单位 GDP 的二氧化碳排放量，二氧化碳排放总量与国内生产总值的比值。一定程度上反映能源消费的清洁性，是负指标。

可再生能源占比（C2）。可再生能源生产总量占能源生产总量的比重。从能源供给结构的角度反映能源供给的清洁性，可再生能源多为清洁能源，是正指标。

能源消费强度（C3）。能源消费总量与国内生产总值的比值，是单位国内生产总值的能耗。反映能源的使用效率，当前中国能源消费仍以化石能源为主，能源使用效率越高，单位 GDP 消费的化石能源越少，对环境的污染越小，是负指标。

（4）可持续性

能源安全的可持续性反映能源系统长期的、可持续的发展能力，是能源安全能力最重要的表现。能源安全状态是过去和现在既成事实的总结，能源安全可持续性是未来能否保障安全的基础和必要前提。

煤炭剩余可采年限（D1）。中国煤炭已探明技术可采量与当年生产总量的比值。反映煤炭的可持续使用能力，是正指标。

石油剩余可采年限（D2）。中国石油已探明技术可采量与当年生产总量的比值。反映石油的可持续使用能力，是正指标。

天然气剩余可采年限（D3）。中国天然气已探明技术可采量与当年生产总量的比值。反映天然气的可持续使用能力，是正指标。

中国创新指数（D4）。由创新环境、创新投入、创新产出和创新绩效四个方面组成，该指标从 2005 年开始计算，基数为 100，反映中国的综合创新能力与科技进步能力。高的创新能力和技术进步能力对能源勘探、开采、转化效率、使用效率、污染排放、消费结构等方面均有正向优化作用，使能源使用更加具有可持续性，是正指标。

能源加工转换效率（D5）。一定时期内能源经过加工、转换后，产出的各种能源产品的数量与同期内投入加工转换的各种能源数量的比率，是正指标。

产业结构（D6）。以第三产业结构占比表示，第三产业以服务业为主，相比第一、第二产业，第三产业的能源消费主要以电力消费为主，能源使用效率更高，对化石能源的需求和依赖更小，是正指标。

地质勘探开发与科研技术投入（D7）。有助于发现更多的能源储备，有助于发展更高效开采技术，进而提高中国的能源可持续水平，是正指标。

能源消费弹性系数（D8），是一定时期能源消费平均增长率与同期国民生产总值平均增长率的比值。较高的能源消费反映了未来短期能源消费的增减趋势，过高的能源消费增长将对能源的可持续性带来负面影响，是负指标。

人口自然增长率（D9）。人口出生率减人口死亡率。反映未来长期能源消费需求的增减趋势，过高的净人口出生率将带来更多的人口，需要消耗更多的能源，对能源的可持续性带来负面影响，是负指标。

能源供给多样性（D10）。用香农—维纳能源供给多样性指数表示。反映一次能源供给的多样性，能源供给多样性高将降低对单一品种能源的依赖，反映能源供给的均衡性，降低单一能源断供带来的风险，是正指标。

国防保障能力（D11）。国防开支占国内生产总值比值。从长久来看能源安全离不开强大国防能力的保障，是正指标。

表3   中国能源安全评价指标体系

目标层	准则层	指标层		指标属性
能源安全评价指标体系	可得性	生产能力	A1 能源自给率	正指标
			A2 能源类行业固定资产投资比例	正指标
			A3 能源类行业对外投资存量	正指标
		进口风险	A4 石油进口集中度	负指标
			A5 地缘政治风险	负指标
			A6 石油市场流动性	正指标
		进口购买能力	A7 外汇储备能力	正指标
	经济性	经济承载力	B1 石油进口经济承载力	负指标
			B2 天然气进口经济承载力	负指标
		能源成本	B3 国内能源使用成本	负指标
		价格波动性	B4 国际油气价格波动性	负指标
	清洁性	短期环境效益	C1 碳强度	负指标
		长期环境效益	C2 可再生能源占比	正指标
			C3 能源消费强度	负指标
	可持续性	资源禀赋	D1 煤炭剩余可采年限	正指标
			D2 石油剩余可采年限	正指标
			D3 天然气剩余可采年限	正指标
		长期发展潜力	D4 中国创新指数	正指标
			D5 能源加工转换效率	正指标
			D6 产业结构	正指标
			D7 地质勘探开发与科研技术投入	正指标
		长期消费需求	D8 能源消费弹性系数	负指标
			D9 人口自然增长率	负指标
		多样性	D10 能源供给多样性	正指标
		安全保障能力	D11 国防保障能力	正指标

2. 数据来源及说明

本报告根据建立的评价指标体系，采用 2005—2018 年的年度数据。2019—2022 年数据采用灰色 GM（1，1）、回归分析、ARIMA 等预测模型计算得来。

A1 数据来自《中国能源统计年鉴》，A2、A3 数据来自国家统计局，A4 数据来自国家海关总署，A5 由笔者计算，基础数据来自世界银行《全球治理指标报告》，A6 数据来自《BP 世界能源统计年鉴》。

B1 和 B2 由笔者计算而得，基础数据来自中国石油和化学工业联合会，B3 数据来自国家统计局，B4 数据来自《BP 世界能源统计年鉴》。

C1 由笔者计算，其中二氧化碳排放总量来自《BP 世界能源统计年鉴》，GDP 数据来自国家统计局。C2 数据来自《中国能源统计年鉴》。C3 由笔者计算，其中能源消费总量和 GDP 数据来自国家统计局。

D1 中煤炭基础储量数据来自国家统计局，因缺失 2017 年、2018 年数据，笔者根据《中国矿产资源报告》中 2017 年、2018 年与 2016 年煤炭的查明资源储量增减变化率，以 2016 年煤炭基础储量减去 2016 年煤炭开采量后乘以增长率计算而得。D2、D3 数据来自《BP 世界能源统计年鉴》，D4 数据来自国家统计局，D5 数据来自《中国统计年鉴》，D6 数据来自国家统计局，D7 数据来自《中国矿产资源报告》和《中国国土资源公报》，D8、D9 数据来自国家统计局，D10 由笔者计算，基础数据来自《中国统计年鉴》，D11 数据来自斯德哥尔摩国际和平研究所。

需要指出的是，由于 D5 指标的 2017 年、2018 年数据缺失，根据这两个指标 2005—2016 年的数据，利用线性回归分析进行补全，具体运算利用 SPSS24.0 软件完成。

（二）中国能源安全程度测算及影响因素分析

1. 建模方法

本报告首先将待评价指标的数据进行标准化处理，以使不同单位的指标可以相互比较，然后利用熵权法计算各项指标的权重，接着根据改进的 TOPSISI 距离函数法计算中国能源安全度系数，最后通过灰色关联度分析对中国能源安全评价影响较大的几个指标。

（1）对数据进行标准化处理

首先对各指标的数据进行异质指标同质化处理。由于各项指标的计量单位并不统一，因此在用它们计算综合指标前，要先对它们进行标准化处理，即把指标的绝对值转化为相对值，从而解决各项不同质指标值的同质化问题。标准化可以使不同单位的数据进行比较。具体标准化方法如下：

选取 m 个对象，n 个指标，则 x_{ij} 为第 i 个对象的第 j 个指标的数值（$i=1,2,\cdots,m;\ j=1,2,\cdots,n$）。对指标体系中的正指标和逆指标分别按以下方式进行标准化，得到标准化后的无量纲化评价指标数据。

①正指标：

$$x'_{ij}=\frac{x_{ij}-\min\{x_{1j},\cdots,x_{mj}\}}{\max\{x_{1j},\cdots,x_{mj}\}-\min\{x_{1j},\cdots,x_{mj}\}}$$

（公式1）

②逆指标

$$x'_{ij}=\frac{\max\{x_{1j},\cdots,x_{mj}\}-x_{ij}}{\max\{x_{1j},\cdots,x_{mj}\}-\min\{x_{1j},\cdots,x_{mj}\}}$$

（公式2）

则 x'_{ij} 为第 i 个国家的第 j 个指标的数值（$i=1,2,\cdots,n;\ j=1,2,\cdots,m$）。$\min\{x_{1j},\cdots,x_{mj}\}$ 和 $\max\{x_{1j},\cdots,x_{mj}\}$ 分别表示矩阵第 j 列的最小值和最大值。为了方便起见，归一化后的数据仍记为 x_{ij}。

（2）能源安全评价指标权重的获取

指标权重采用熵权法确定。熵权法是利用待评价指标的评价数据进行指标权重确定的一种客观确权方法，具有较好的操作性与实用性，相比专家打分法，这种方法增强了评价指标的差异性与辨识度，能更加客观地反映数据中的隐含信息。[①] 熵权法借鉴了信息论中信息熵的概念，评价的基本思路是评价对象某项指标中的值彼此之间如果差异越大，则该指标越重要，给予的权重越大，所以根据指标数据间的变异程度，可以计算出各指标的权重值。对于能源安全的评价来说，如果某一指标的值差异过大，反映出该指标的稳定性较差，而稳定性对于能源安全十分重要，熵权法有利于识别这类指标并给予其相对较大的权重。

①计算评价对象在评价指标下的特征比重

$$p_{ij} = \frac{x_{ij}}{\sum_{j=1}^{n} x_{ij}} \qquad （公式3）$$

②计算指标的熵值 e_j

$$e_j = \frac{(-1) \sum_{i=1}^{m} p_{ij} \cdot Ln(p_{ij})}{Ln(m)} \qquad （公式4）$$

其中若 $p_{ij} = 0$，则 $\lim_{p_{ij} \to 0} p_{ij} \cdot Ln(p_{ij}) = \lim_{p_{ij} \to 0} \frac{Ln(p_{ij})}{1/p_{ij}} = 0$，所以 $e_j \geqslant 0$。

③计算熵冗余度，熵冗余度越大，指标越重要

$$d_j = 1 - e_j \qquad （公式5）$$

④计算各项指标权值

$$w_j = \frac{d_j}{\sum_{j=1}^{n} d_j} \qquad （公式6）$$

---

①　胡剑波、吴杭剑、胡潇：《基于 PSR 模型的我国能源安全评价指标体系构建》，《统计与决策》2016 年第 8 期。

（3）中国能源安全水平评价

本报告利用由 Hwang 和 Yoon 在 1981 年提出的 TOPSIS（Technique for Order Preference by Similarity to Ideal Solution）距离函数法对中国能源安全水平进行评价，该方法多被用于风险决策分析、环境效益评价、成本效益分析以及多属性最优方案选择等，能充分利用原始数据，不受参考序列选择的影响且几何意义直观。TOPSIS 模型的思路是通过构造多属性问题的理想解和负理想解，以方案靠近理想解和远离负理想解两个基准作为方案排序的准则，来选择最满意方案，即如果方案在最接近正理想解的同时又远离负理想解，则该方案为评价对象中的最优方案，排序最为靠前。反之则为最劣方案，排序最为靠后。

本报告结合运用改进的 TOPSIS 模型与熵权法，对中国的能源安全水平进行评价。与传统的 TOPSIS 模型相比，改进的 TOPSIS 模型主要是对待评价对象与正理想解和负理想解的评价值公式进行了改进。具体步骤如下：

①形成加权判断权重矩阵

$$Y = \sum_{j=1}^{n} w_j \cdot p_{ij} = (y_{ij})_{m \times n} \qquad （公式7）$$

②确定理想解

理想解分为正理想解和负理想解，正理想解用 y_j^+ 表示，负理想解用 y_j^- 表示，具体公式由 X. X 给出：

$$y_j^+ = \max \{y_{1j}, \cdots, y_{mj}\}, \ y_j^+ = \min \{y_{1j}, \cdots, y_{mj}\}$$

（公式8）

③确定各指标到理想解的距离

各指标到正理想解的距离用 d_i^+ 表示，到负理想解的距离用 d_i^- 表示，根据欧式距离计算公式有：

$$d_i^+ = \sqrt{\sum_{j=1}^{n}(y_{ij} - y_y^+)^2}, \ d_i^- = \sqrt{\sum_{j=1}^{n}(y_{ij} - y_j^-)^2}$$

（公式9）

④计算评价对象与理想解的贴近程度

贴近程度越大，对象越优，贴近度的取值范围为 $[0, 1]$。对于能源安全评价而言，贴近度越接近于 1，表明该年能源安全程度越高，反之当贴近程度为 0 时，表示能源安全水平最低。贴近度的计算方式如下：

$$c_i = \frac{d_i^-}{d_i^+ + d_i^-}, \ (i = 1, 2, 3, \cdots m) \text{（公式10）}$$

（4）中国能源安全影响因子分析

能源安全影响因子的研究采用灰色关联度分析法。灰色关联度分析是一种多因素统计分析方法，主要用作比较系统中某些项目与其他因素之间相似关联的强弱性，最后将这些因素按影响度排序，可以得到一个分析结果，这种方法非常适合动态历程分析。[1] 具体步

---

[1] 罗党、刘思峰：《灰色关联决策方法研究》，《中国管理科学》2005 年第 1 期。

骤如下：

①分析目标序列的确定

以中国能源安全度为目标序列，以能源安全评价各指标为比较序列。分析中国能源安全水平与各评价指标之间的关联程度。

②计算差序列矩阵

求目标序列与比较序列的差序列矩阵，计算公式为

$$Z = |x_{ij} - c_i| \quad (\lambda_{ij})_{m \times n} \qquad （公式11）$$

③计算两级最大值和最小值

$$\lambda_{max} = \max \{\lambda_{1j}, \ \lambda_{2j}, \ \cdots, \ \lambda_{mj}\},$$

$$\lambda_{min} = \min \{\lambda_{1j}, \ \lambda_{2j}, \ \cdots, \ \lambda_{mj}\}$$

$$m = \max(\lambda_{max}), \ n = \max(\lambda_{min}) \quad （公式12）$$

④计算关联系数

$$\xi_{ij} = \frac{n + \rho m}{|x_{ij} - c_i| + \rho m} \qquad （公式13）$$

其中$\rho \in [0, 1]$为分辨系数，与分辨力成反比，当$\rho \leqslant 0.5463$时，分辨力最理想，通常取$\rho = 0.5$。

⑤确定关联度

求每个指标关联系数的平均值，公式如下：

$$\eta_j = \frac{\sum_{i=1}^m \xi_{ij}}{m} \qquad （公式14）$$

2. 中国能源安全状况结果分析

(1) 模型结果

①中国能源安全评级指标体系

根据公式1—6，得到各准则层指标的权重如表4所示，其中产业结构、煤炭剩余可采储年限、石油剩余可采储年限、可再生能源占比和能源供给多样性是权重最大的5个指标。

表4　　　　　　　　　　指标层的权重　　　　　　　（单位:%）

指标	A1	A2	A3	A4	A5	A6	A7	B1	B2	B3	B4	C1	C2
权重	5.11	4.40	4.98	3.17	3.70	1.76	2.10	2.90	2.89	2.71	4.11	2.05	6.58
指标	C3	D1	D2	D3	D4	D5	D6	D7	D8	D9	D10	D11	
权重	1.97	7.19	6.48	4.35	4.47	3.76	7.85	1.94	1.41	2.44	5.93	5.76	

资料来源：笔者计算。

②中国能源安全水平

根据公式7—公式10，得到中国能源安全水平如表5所示：

表5　　　　　　　　　　中国能源安全水平

年份	d（+）	d（-）	能源安全水平
2005	0.1689	0.1238	0.4230
2006	0.1640	0.1116	0.4049
2007	0.1675	0.0960	0.3643
2008	0.1678	0.0926	0.3556

续表

年份	d（+）	d（-）	能源安全水平
2009	0.1542	0.1035	0.4017
2010	0.1626	0.0770	0.3212
2011	0.1791	0.0667	0.2713
2012	0.1636	0.0876	0.3487
2013	0.1546	0.0891	0.3655
2014	0.1458	0.0957	0.3962
2015	0.1409	0.1015	0.4187
2016	0.1160	0.1258	0.5202
2017	0.1194	0.1238	0.5090
2018	0.1219	0.1293	0.5148
2019	0.1176	0.1352	0.5348
2020	0.1173	0.1457	0.5539
2021	0.1158	0.1582	0.5775
2022	0.1187	0.1699	0.5888

资料来源：笔者计算。

　　根据结果（见图8），中国能源安全水平呈现两个阶段的特征，2012年之前中国能源安全水平总体上处于下降趋势，2012年及以后开始上升，并且2016年超过2005年的安全水平。相比以往，当前中国能源安全状况正在逐步改善。

　　2012年之后中国能源安全水平逐步提高的原因除了能源转换利用效率和可再生能源利用水平的提高之外，主要得益于国际油价的持续下跌。2012—2018年，受美国"页岩革命"的影响，国际油价持续下跌并在2016年达到了最低点，2016年之后虽有小幅上涨，但截至2019年8月的62.57美元/桶（布伦特原油），油价格只为2011年最高价127.54美元/桶的一

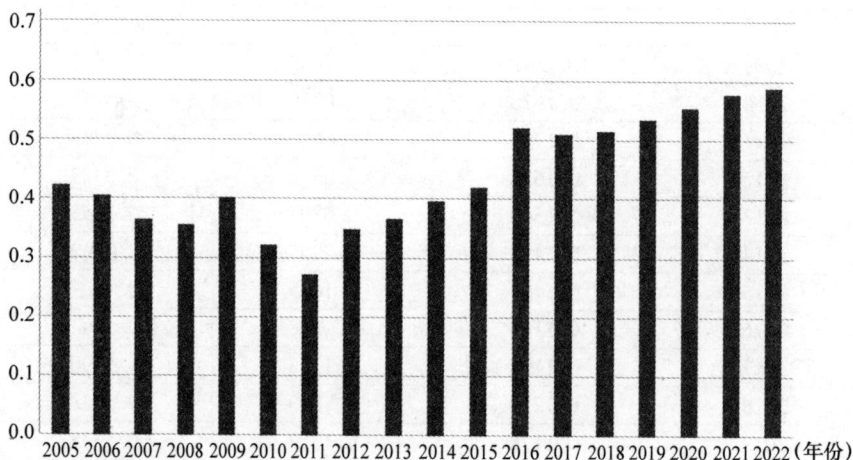

图8　中国能源安全水平

资料来源：笔者计算。

半不到。虽然在这期间中国能源自给率从87%下降到了81%，石油对外依存度从55%上升到了71%，但是中国能源安全水平却在不断提高。根本原因在于油气作为不可再生的化石能源，在一定勘探开采技术水平下储量固定不变，加大国内油气开采力度将会使中国油气资源的可采储量下降更快，从长期来看将加快资源枯竭进程，不利于未来的能源安全。能源安全状态是对过去和现在既成事实的总结，也是对未来的展望，相比国内能源经济成本，在国际化石能源价格合理的情况下提高化石能源进口有利于保障中国化石能源存量，增加化石能源的可采年限，延缓化石能源枯竭时间，提高未来时期中国能源安全水平。

（2）结果分析

①能源安全等级划分

2005—2022 年，中国的能源安全水平处于先下降后上升的状态，运用 K 值聚类分析，可以把中国能源安全状况划分为四个维度，即安全、一般、预警、不安全，划分界限分别为 0.54、0.39、0.29。根据划分标准，中国能源安全等级情况如表 6 所示：2011 年为不安全，2007 年、2008 年、2010 年、2012 年和 2013 年为预警状态，安全级别出现在了 2020 年及以后，其余则为一般状态。其中两个预警级拐点分别出现在2007 年和 2010 年，国际油价在这两年分别达到了近20 年的"双峰"高点。能源安全作为对过去事实的总结，对过往安全的评价更多地体现在油气价格及价格波动性方面，对未来的展望主要体现在对未来能源发展的可持续性层面。值得一提的是，对未来能源安全的展望建立在现有能源价格不发生重大变化、中国经济按照现有速度持续增长、科技水平不断进步的前提下。如果前提条件发生重大变化，中国的能源安全水平预测及期望将会大打折扣。

表6　　　　　　　　中国能源安全水平等级划分

年份	2005	2006	2007	2008	2009	2010	2011	2012	2013
安全等级	一般	一般	预警	预警	一般	预警	不安全	预警	预警

年份	2014	2015	2016	2017	2018	2019	2020	2021	2022
安全等级	一般	一般	一般	一般	一般	一般	安全	安全	安全

资料来源：笔者计算。

②准则层能源安全分析

第一，可得性。如图9所示，能源的可得性水平波动较小，2016年、2017年可得性水平有所下降，2018年有所回升。能源自给率、能源类行业固定资产投资比例以及外汇储备量的下降对能源可得性产生了负向影响，而能源行业对外投资存量以及石油进口流动性不断上升，加之中国石油进口集中度不断降低，使得中国的能源可得性有所提升。

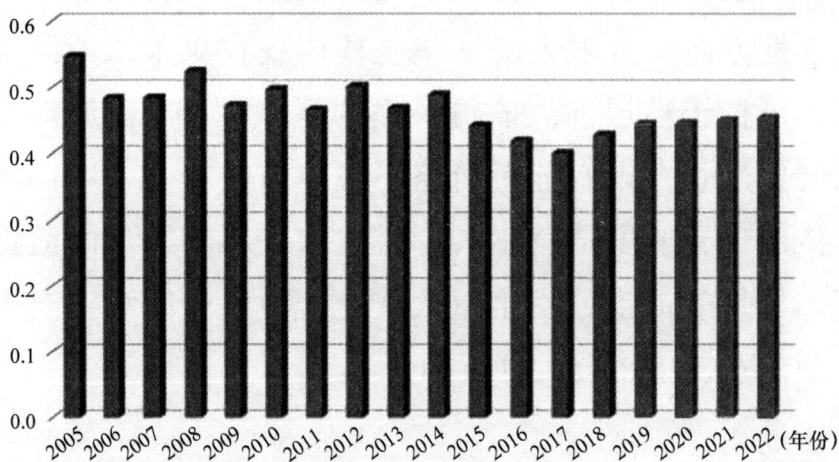

图9 2005—2022年能源安全可得性水平

第二，经济性。如图10所示，能源安全的经济性指标波动较大，其中 2008 年、2011 年、2018 年三年的经济性明显低于其他年份。能源的经济性主要受国内外能源使用成本及国内经济生产力水平的影响，虽然中国经济增长较为稳定，但是受金融危机及地缘政治等因素的影响，国际油气价格波动剧烈，加之中国在国际油气价格方面的议价话语权较弱，所以国际油气价格的上涨及较短时期的剧烈波动对中国能源安全水平影响巨大。具体来看，2005—2017 年国际油价大致经历了一个"先增长，后下跌，再增长，再下跌的过程"，若按布伦特原油价格计算，2008 年、2010 年、2011 年国际油价分别达到了 97 美元、111 美元、71 美元每桶，同年波动分别达到了 34.7%、39.8%、

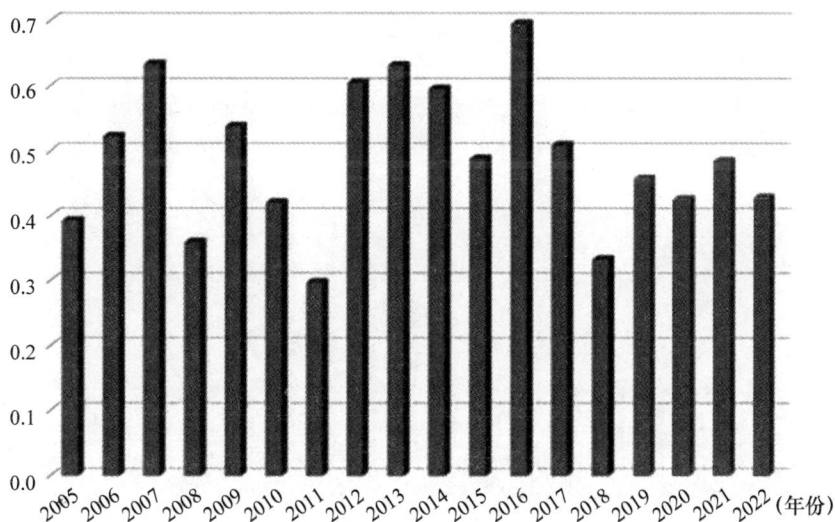

图 10　2005—2022 年能源安全经济性水平

资料来源：笔者计算。

44.1%，所以这三年中国能源安全的经济性较低。其他一些年份的能源安全经济性水平较高得益于当年国际油价处于相对较低的水平或油气价格波动性较低。另外，虽然中国的油气进口额逐年增大，但是进口额占 GDP 的比值在不断下降，反映出中国能源进口经济承载力在不断加强，不断增强的能源进口经济承载力有助于提高中国能源安全水平。

第三，清洁性。随着可再生能源在能源结构中占比的不断提高，加之能源使用效率的提升，单位 GDP 的二氧化碳排放量逐年降低，能源使用对环境带来的危害正在逐步减少，所以自 2005 年以来，中国能源使用的清洁性在不断提高（如图 11 所示）。

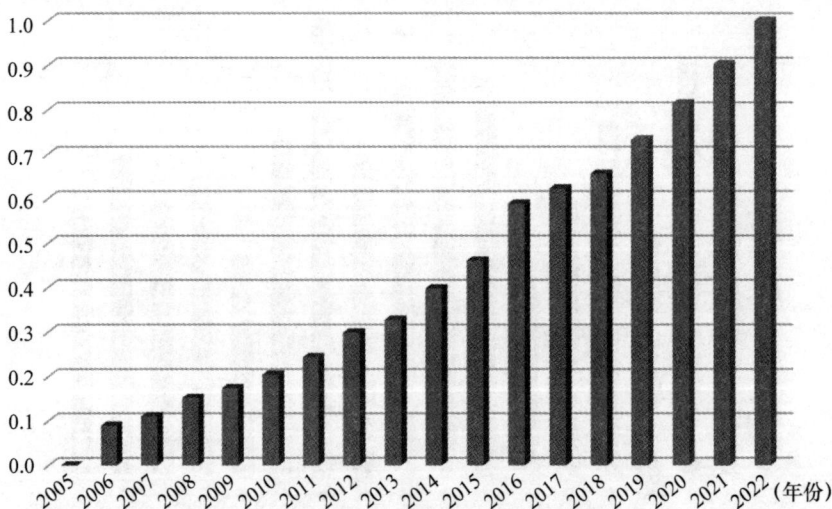

图 11 2005—2022 年能源安全清洁性水平

第四，可持续性。能源安全的可持续性整体上呈现一个"先下降再上升"的趋势（图12），2005—2011年，能源安全的可持续性有所下降，2012—2018年则逐年上升，预计未来一段时间中国能源的可持续性仍将持续上升。从主要化石能源的采储比来看，煤炭和石油采储比自2005年开始持续下降，到2011年到达最低点，此后随着石油进口替代份额的提升和能源勘探开采技术的进步，加之可再生能源供给占比的不断增加，化石能源的生产增长速度有所减缓，化石能源的采储比略有上升，从基础储备量方面提高了中国能源的可持续性。从社会发展的规律来看，随着中国创新能力和能源加工转换效率的持续提升，进行同等经济活动所需消耗的化石能源不断降低，产业结构的调整使得中国由资源密集型的经济增长方式向知识

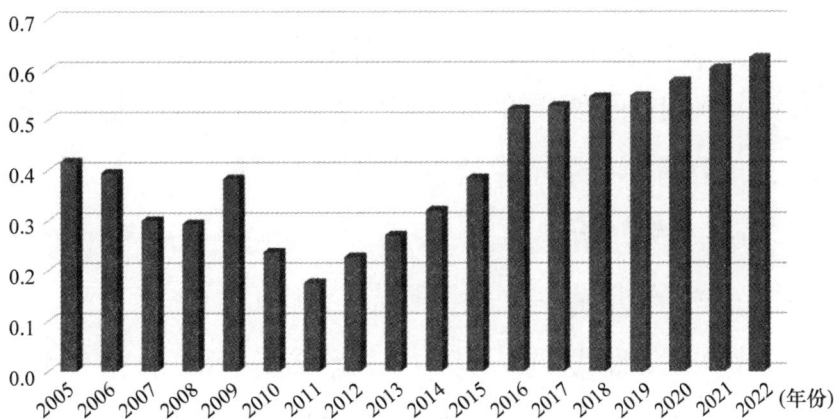

图12　2005—2022年能源安全可持续性水平

资料来源：笔者计算。

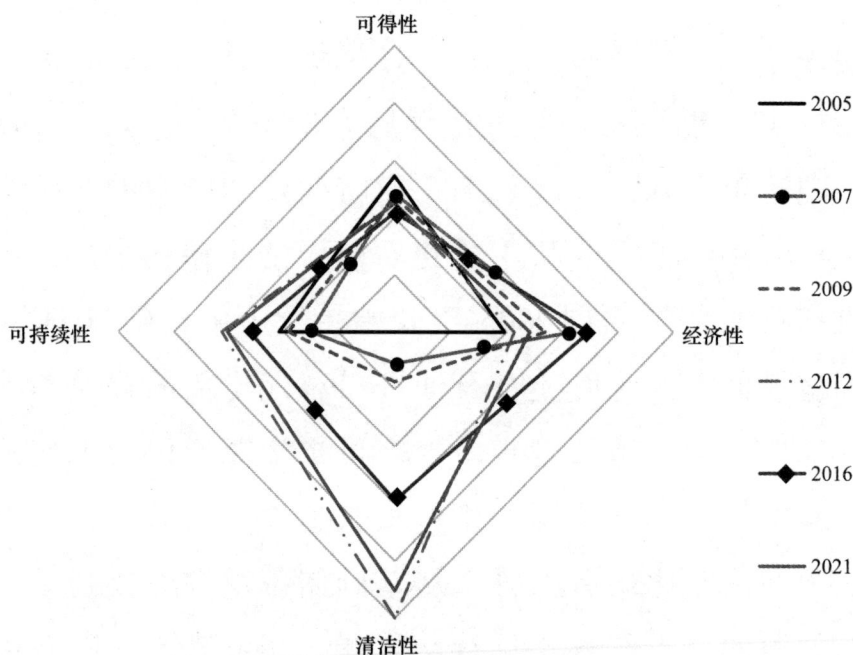

图 13　能源安全水平雷达图

资料来源：笔者计算。

密集型的方式转变，能源供给多样性的不断提高，新生人口增长率的持续以及可再生能源技术的日渐成熟，未来中国对化石能源的依赖程度将会逐步降低。综合来说，中国能源的可持续性在不断增强。

③敏感性分析

敏感性分析是一种定量描述模型输入变量对输出变量的重要性程度的方法。在能源安全评价指标体系中，以 2005—2017 年数据为基础，在准则层对 2018 年数据分别以 −5%、10%、0、5%、10% 的变化量调

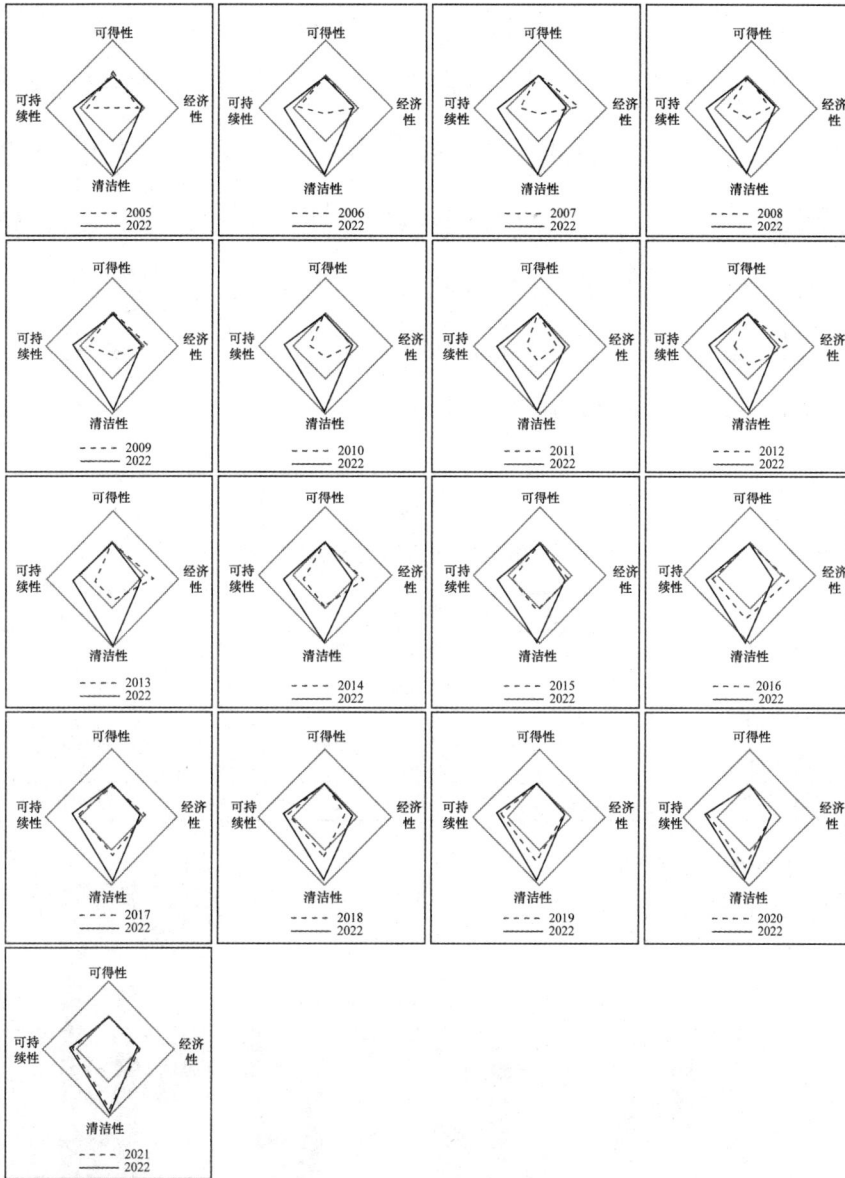

图 14　能源安全水平演变

资料来源：笔者计算。

整，对能源安全的准则层进行敏感度分析。结果显示（如表 7 所示），±5％ 和 ±10％ 变化量水平下，能源安

全的可持续性敏感度最高，表明当前能源安全的可持
续性发生改变将会对能源安全水平产生较大的影响。
能源安全的经济性和清洁性的敏感性较低，表明在当
前情况下，能源价格和能源清洁程度发生 10% 左右的
变化，对中国能源安全水平的影响较小。能源安全的
可得性无论发生正向还是负向变化，均会对能源安全
水平产生积极的影响。

表7　　　　　　　　能源安全指标体系准则层敏感性分析

变化率	− 0.1	− 0.05	0.05	0.1
可得性	0.0401	0.0329	0.0669	0.1025
经济性	− 0.0249	− 0.0097	0.0064	0.0098
基础值	0	0	0	0
清洁性	− 0.0125	− 0.0038	0.0016	0.0034
可持续性	− 0.1022	− 0.0704	0.0576	0.1095

资料来源：笔者计算。

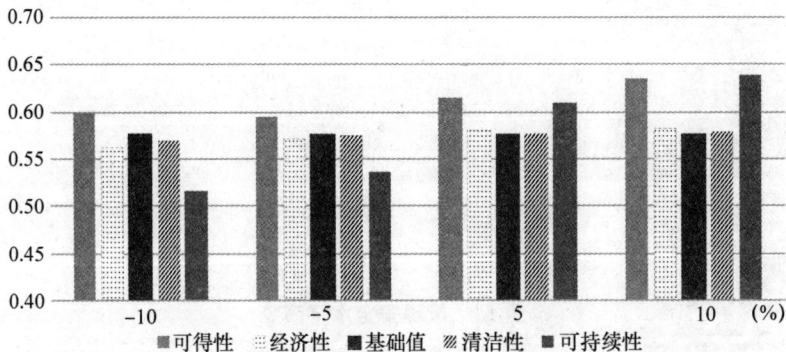

图 15　准则层能源安全分析

资料来源：笔者计算。

④中国能源安全灰色关联分析

表8　　　　　　　　中国能源安全水平与各影响因素关联度

指标	A1	A2	A3	A4	A5	A6	A7	B1	B2	B3	B4	C1	C2
关联度	0.5060	0.5342	0.6157	0.6626	0.5555	0.6272	0.5641	0.7436	0.5494	0.5984	0.6037	0.5588	0.6372
指标	C3	D1	D2	D3	D4	D5	D6	D7	D8	D9	D10	D11	
关联度	0.5472	0.5100	0.5680	0.7091	0.6876	0.6604	0.6238	0.6380	0.5383	0.7174	0.6243	0.5874	

资料来源：笔者计算。

　　系统发展过程中，若两个因素变化的趋势具有一致性，即同步变化程度较高，可谓二者关联程度较高；反之，则较低。因此，灰色关联分析方法，能根据因素之间发展趋势的相似或相异程度，来衡量各指标和能源安全水平关联程度。根据灰色关联分析结果，与能源安全关联度最高的六个指标分别是石油进口经济承载力、人口自然增长率、天然气剩余可采年限、中国创新指数、石油进口集中度、能源加工转换效率。这六个指标不仅与中国能源安全水平变化的关联性程度高，同时与能源安全的内涵联系也更加紧密。具体来看，石油进口经济承载力反映中国石油进口的经济可承受能力。当前中国石油消费的70%以上依靠进口，国际石油出口量与出口价格受多方面因素影响波动较大，以可接受的价格获得稳定的石油供给对中国而言至关重要，如果每年石油进口额占GDP比重过高，国际油价的大幅涨跌将会对中国经济的稳定发展带来巨大的不确定性；人口自然增长率和能源安全水平互有关联，能源为人们提供生活的基本动力，当前的新生人口又决定着未来的能源需求；天然气作为传统能源中的清洁能源，中国未来对天然气的需求量将会越来越大，此外"页岩革命"给传统油气市场带来了巨大的变革和影响，所以天然气可采储量对未来能源安全至关重要；中国创新指数反映中国的创新能力变化情况，创新有助于科技进步，带来社会资源利用效率的提高，对于能源行业而言，创新可以带来更为先进和高效的勘探、开采、节能和能源转化技术；石油进口集中度反映了中国石油进口的市场集中性风险。石油进口市场越集中，相关石油出口国的断供及价格上涨带来的风险和损失就越大，对能源安全越不利；能源加工转换效率综合反映能源的利用程度，对于经济活动而言，在能源加工转换效率不变的情况下提高能源投入和在能源投入不变的情况下提高能源使用效率有时能达到同样的效果，所以提高能源使用效率对于能源安全极其重要。

（三）结论与建议

1. 研究结论

本报告构建中国能源安全评价指标，从能源的可得性、经济性、清洁性和可持续性四个层面对中国 2005—2022 年的能源安全水平进行评价与预测，给出相应的评价等级，结果显示在此期间中国能源安全水平整体呈现先下降后上升的趋势，判断在国际油价不发生重大上涨，经济、科技照常发展的情况下，中国的能源安全水平在 2020 年有望达到"安全"等级。最后通过灰色关联度分析讨论与中国能源安全水平关联性最强的因素。从影响中国能源安全的主要因素来看，石油进口经济承载力、人口自然增长率、天然气剩余可采年限、中国创新指数、石油进口集中度、能源加工转换效率是与中国能源安全关联性最高的六个因素。

2. 政策建议

一是中国石油主要依赖于进口补充，如果进口集中度过高，石油出口国断供及地缘政治风险等问题将对中国能源安全带来巨大的挑战。在保证进口量的情况下，中国需要进一步拓宽能源进口渠道，以分散能源的进口集中风险。

二是国际油气价格过高或短期内连续大幅波动对中国能源安全的经济性影响较大，不利于生产成本的降低和国内能源价格的稳定。作为最大的能源进口国，中国在国际油气议价影响力方面话语权较弱。通过进一步加强中国原油、天然气期货市场建设，积极参与世界能源治理体系活动，与其他能源进口大国成立"国际能源购买联盟"等方式，提升中国石油定价体系的国际话语权，使中国进口石油的支出成本得到控制，将在一定程度上避免国际油价大幅波动对中国能源安全经济性的影响。

三是当前中国的能源对外依存度主要涉及油气对外依存度，不应该单一地将能源对外依存度作为衡量能源安全的唯一指标。油气价格在经济合理区间内时，增加油气进口量可以减轻国内油气生产压力，保障中国油气存量，对中国能源安全的可持续性与未来可得性具有积极意义。

四是近年来国家制定的一系列清洁能源政策效果逐步显现，经济转型以及创新水平和能源利用效率的提高使得中国能源可持续性水平不断加强。应该坚持高质量发展，落实创新驱动发展战略，进一步加强中国的创新能力水平，加大可再生能源技术和市场的投资与开发，通过可再生新能源的发展进行"开源"，通过提高中国能源加工利用效率进行"节流"，使中国能源的可持续发展能力再上一个台阶。

三 中国能源进口的福利
与风险分析

石油、天然气作为工业的基础，中断能够引发严重的社会问题，越来越引起学者的广泛关注。1973 年 10 月 16 日第一次石油危机爆发，石油禁运发生后，国外学者对突发性石油供应中断进行了大量探讨，John H. Sorensen[1] 构建了一个能源应急框架，研究了突发能源短缺的供需状况、经济社会的影响、突发能源事件的特征等。Fianklin A. Lindsay[2] 指出了美国应对能源短缺的应急能力的不足，建议应该加强政企合作，建立全面的应急管理体系。Nancy L. Ginn[3] 概述了美国各个州的能

① John H. , Sorensen, "Managing Energy Emergencies", *Geoforum*, 14, 1983, pp. 15 – 24.

② Franklin A. , Lindsay, "Plan for the Next Energy Emergency", *Harvard Business Review*, No. 1, 1981, pp. 9 – 10.

③ Nancy L. , Ginn, "Energy Emergency Preparedness: Anover View of State Authority", *Department of Energy*, 6, 1978, pp. 26 – 31.

源应急状况，为美国建立能源应急管理体系提供了方向。20世纪70—80年代作为研究的第一阶段，这一时期的主要研究焦点在于如何构建能源应急管理体系，特别是1974年成立的国际能源署（IEA）在构建石油应急管理体系方面做了大量工作，加强了石油生产国与消费国的合作，提出了一系列的措施。[1][2] Floyd M.[3] 研究了能源短缺对居民的影响，提出了一系列的措施建议。

20世纪90年代能源价格在低位徘徊，能源短缺与环境问题淡出人们视野，关于能源短缺的研究较少，在能源经济方面未能成为主流，直至进入21世纪，能源产地政治动荡、自然灾害引起电力供应中断、能源价格高企等能源事件频繁发生，能源供应中断问题再度引起学者的重视，石油依然是学者关注的重点，随着天然气大规模的生产应用，天然气供应中断也成为学者关注的热点。Vesa A. Lappalainen[4] 对欧盟电力和

---

[1]　International Energy Agency，"IEA Response System for Oil Supply Emergencies"，*IEA Publications*，2008，p. 12.

[2]　International Energy Agency，"Oil Supply Security Emergency Response of IEA Countries"，*IEA Publications*，2007，p. 12.

[3]　Floyd M.，Henderson，Michael P.，Voiland，"Some Possible Effects of Energy Shortages on Residential Preferences"，*The Professional Geographer*，Vol. 27，No. 3，1975，pp. 323 – 326.

[4]　Vesa A. Lappalainen，"The New Security of Energy Supply Directives A First Response to Some Big Questions"，*ERA Forum*，Vol. 8，2007，pp. 427 – 434.

天然气的能源供应问题进行了研究，指出欧盟天然气和电力应急方面的问题，提出了应对天然气和电力供应中断的建议。Alexander E. Farrell 等[1]从基础设施导致的能源供应中断出发，分析了能源供应体系的抗损能力，提出了能源突发事件下的能源安全机制。

改革开放以来，随着中国经济的发展，对石油和天然气的需求越来越大，尤其是中国石油和国际接轨以来，石油危机和石油供应安全问题已经引起国家和专家学者的关注。如中国社会科学院工业经济研究所的赵英[2]指出能源安全是国家安全的一部分，应引起足够的重视。徐小杰[3]从地缘政治的角度分析了能源供应中断问题，并做了有益的探索。由于当时国内油价尚未与国际接轨，没有引起人们足够的重视，随着原油价格与国际接轨，关于石油供应中断的研究逐渐增多，并且随着天然气进口的增加，对天然气供应安全的研究也见诸各类期刊，郭庆[4]根据石油安全和石油应急管

---

[1]　Alexander E. , Farrell, Hisham Zerriffi, and Hadi Dowlatabadi, "Energy Infrastructure and Security", *Annual Review Environment and Resources*, Vol. 29, 2004, pp. 421 – 469.

[2]　赵英：《超越危机——国家经济安全的监测预警》，福建人民出版社 1999 年版，第 15—17 页。

[3]　徐小杰：《新世纪的油气地缘政治——中国面临的机遇与挑战》，社会科学文献出版社 1998 年版，第 1—13 页。

[4]　郭庆：《突发性石油短缺演化过程及应急决策研究》，硕士学位论文，中国矿业大学，2017 年。

理方面的理论，对突发性石油短缺的演化过程进行了研究。庄韶辉[1]从经济学的角度分析了石油供应中断与需求方面的关系，对二者之间的关联做了一定的探讨。张珺等[2]利用2002—2015年天然气数据构建了中国天然气供应安全指数。

从国内外研究来看，国外研究起步较早，中国近几年才开展能源供应和能源安全的研究，但是大多数学者只是针对能源供应的机理、防范等进行研究，很少有学者对能源供应诊断造成的损失进行研究。本报告利用2015年投入产出表对石油和天然气的中断对经济的影响进行研究。

（一）能源进口的福利与风险研究

从国内外研究现状来看，研究能源对经济增长的影响较多，而研究能源进口的红利文献基本没有。如在能源价格对经济的影响方面，Abbas Valadkhani[3]利用计量模型检验了石油价格与能源价格之间的关系。

①　庄韶辉：《石油安全的经济学解释：基于供给中断和需求拉动模型》，《中国物价》2012年第11期。

②　张珺、黄艳：《中国天然气供应安全指数构建与建议》，《天然气工业》2015年第3期。

③　Abbas Valadkhani, "Dynamic Effects of Rising Oil Prices on Consumer Energy Prices in Canada and the United States: Evidence from the Last Half a Century", *Energy Economics*, Vol. 45, 2014, pp. 33 – 34.

杨柳和李力[①]利用 1996—2005 年的能源价格和 PPI、CPI 数据，研究能源价格波动对中国经济增长和通货膨胀的影响。在能源消费方面，Isaac Adjei Mensah 等[②]分析了能源消费、经济增长与二氧化碳排放之间的关系，曾岚婷等[③]以经济变量和经济活动模型的空间相关性为起点，选取中国 2001—2016 年 30 个省份的数据样本，构建静态、动态及半参数空间模型刻画 FDI 非线性、能源消费与经济增长作用效应。魏文婉[④]利用 CGE 模型探讨了石油进口政策对经济的影响，做了仿真模拟。

关于能源进口的风险国内外研究较多，国外文献主要从能源进口多样性、能源进口风险测算等方面进行研究，Stirling[⑤] 使用 SWI 指数度量英国石油进口的

　　① 杨柳、李力：《能源价格变动对经济增长与通货膨胀的影响——基于我国 1996—2005 年间的数据分析》，《中南财经政法大学学报》2006 年第 4 期。

　　② Isaac Adjei Mensah, Mei Sun, Cuixia Gao, Akoto Yaw Omari-Sasu, Dongban Zhu, Benjamin Chris Ampimah, Alfred Quarcoo, "Analysis on the Nexus of Economic Growth, Fossil Fuel Energy Consumption, CO_2 Emissions and Oil Price in Africa Based on a PMG Panel ARDL Approach", *Journal of Cleaner Production*, Vol. 228, 2019, pp. 134 – 140.

　　③ 曾岚婷、叶阿忠、杨建辉：《时空效应下能源要素和经济增长的传导路径研究——基于半参数空间模型的经验分析》，《北京化工大学学报》（社会科学版）2019 年第 1 期。

　　④ 魏文婉：《中国能源进口政策对宏观经济影响的数值模拟》，博士学位论文，湖北大学，2016 年。

　　⑤ Stirling, A., "Diversity and Ignorance in Electricity Supply Investment: Addressing the Solution Rather than the Problem", *Energy Policy*, Vol. 22, No. 3, 2007, p. 195.

风险，指出英国应保持能源进口国来源的多样性。
Fenrick[1]根据能源进口风险的影响因素，建立了评价
指标体系，并对美国的石油进口风险进行了评价。国
内文献主要从能源进口的风险规避、进口风险的影响
因素等开展研究，李冰[2]针对中国石油进口梳理了两种
战略情景，在分析中国石油进口风险基础上，指出两
种战略行动的具体策略。吴爱军等[3]分析了中国石油进
口的战略通道，就提高中国石油进口通道的安全系数
提出了可行的建议。李宏勋等[4]建立了中国天然气风险
的指标体系，主要包括天然气进口安全、天然气国内
供应等，就降低中国天然气进口风险提出了可行的
建议。

总体来说，对能源供应风险及其应对研究较多，
而对能源供应中断损失和福利则鲜有提及，定量研究
更为少见。因此，本报告在系统分析能源供应基础上，
从理论和实证两个层面对其进行研究。

---

① Fenrick S. A., Getachew L., "Formulating Appropriate Electric Reliability Targets and Performance Evaluations", *Electricity Journal*, Vol. 25, No. 2, 2012, pp. 44 – 53.
② 李冰:《国家石油对外依存下的战略选择：能源独立与相互依赖》,《当代亚太》2018 年第 2 期。
③ 吴爱军、吴杰:《中国进口石油安全战略通道分析》,《长江大学学报》（社会科学版）2006 年第 3 期。
④ 李宏勋、吴复旦:《我国进口天然气供应安全预警研究》,《中国石油大学学报》（社会科学版）2018 年第 4 期。

1. 能源供应中断损失的理论分析

（1）能源供给中断对物价的影响效应

能源供给中断会造成能源产品短缺，推动能源价格上涨，能源价格上涨首先会对上游产业部门产生影响，比如冶金、化工、建材等产业，推动这些产业价格上升和成本增加，这些产业又会推动下游产业的价格上升和成本增加，最终会推动工业品价格出厂指数（PPI）和消费者价格指数（CPI）的升高，增加居民的生活成本，如图16所示。

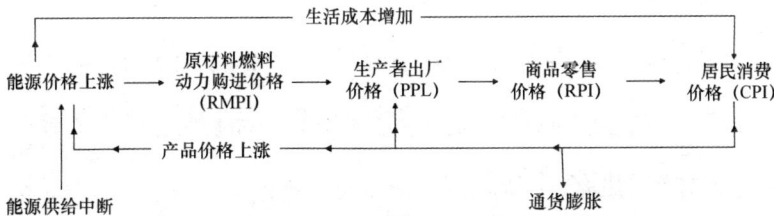

图16　能源供给中断对通货膨胀的影响

（2）能源供给中断对产出的影响效应

从生产的角度看，能源作为生产要素投入的一部分，生产者选择包括劳动、资本、能源在内的最优组合进行生产，而能源供给中断则会破坏这一生产组合，使劳动和资本的生产率下降，造成产出下降；从劳动的角度看，由于产出的下降，生产者会降低劳动者工资，然而由于工资具有刚性，因此，生产者为了降低成本会减少劳动者的投入，使失业率在短期内增加，进一步使产出下降；从商品需求来看，能源供给中断会造成下游产业链的成本推动性通货膨胀，使消费者对商品的需求下降，而市场需求的下降会进一步使生产者降低生产规模，使产出进一步萎缩；从贸易来看，由于能源供给中断会推动商品价格上涨，从而降低本国商品的出口竞争力，外贸赤字增加，引起汇率发生变化，导致实际收入出现下滑，降低经济增长速度。

（3）能源供给中断对消费的影响效应

能源供给中断会通过产业链的传导增加下游企业的生产成本，若企业不能通过其他方式增加能源供应，就会将能源短缺带来的成本增加转嫁给消费者，从而降低居民消费支出，引起需求减少，造成消费下降。

（4）能源供给中断对投资的影响效应

能源供给中断会造成下游企业投入不足，利润水平降低，从而会降低投资的规模和水平，下游部门减少投资的程度更加明显，社会总投资能力减弱。加上企业向政府上缴的税收减少，政府财政收入下降，造成公共投资的规模降低，能源供给中断会导致总投资减少。

（5）能源供给中断对进出口的影响效应

中国外贸产品中高能耗、低技术的初中级产品比重较大，因此，能源供给中断必然导致贸易逆差程度增大，同时，由于能源价格上涨更加推动这一趋势，造成贸易逆差程度增加，因此，能源供给中断会使中国出口受到影响。

通过以上分析，能源供给中断导致消费萎缩、投资下降、出口减少，从而对中国经济的总产出产生不利影响，使经济增长的步伐放缓。如图17所示。

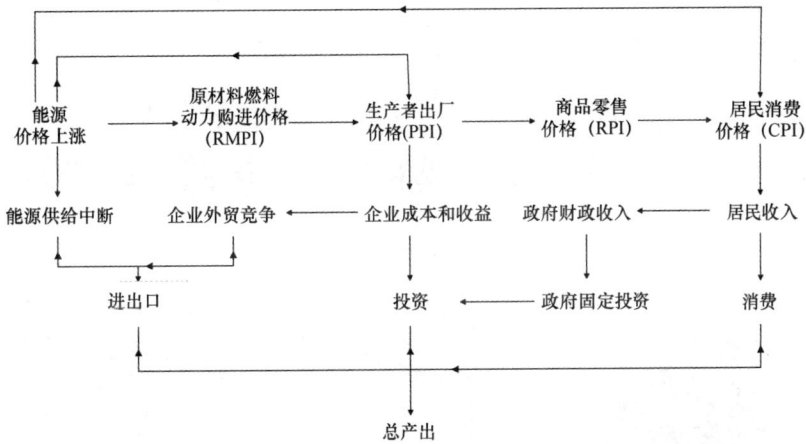

图17　能源供给中断对产出的影响

2. 能源供应中断损失的实证分析

（1）能源供应中断对物价的影响

根据最新的2015年投入产出表，对42个产业部门进行适当的合并，合并后的产业部门主要有农林牧渔产品和服务，煤炭采选产品，石油和天然气开采产品，金属矿和非金属矿采选产品，食品和烟草，纺织品和服装，木材加工和造纸印刷，石油炼焦产品和核

燃料加工品，化学产品，非金属矿物制品，金属冶炼和
制品，制造业，电力、热力的生产和供应，燃气生产和供
应，建筑，交通运输、仓储和邮政，服务业17个部门。

①石油供应中断对物价的影响

图18模拟了石油供应中断导致石油价格暴涨10%
情景下对各个产业部门的影响，石油影响下游产业部
门主要有两种途径，第一种途径是石油—化学工业，
石油价格的上涨推动化学工业价格的上涨，继而推动
建筑业、造纸印刷业等部门价格的上涨。此外，石油
的下游还包括金属冶炼业和电力，因此，化学工业、

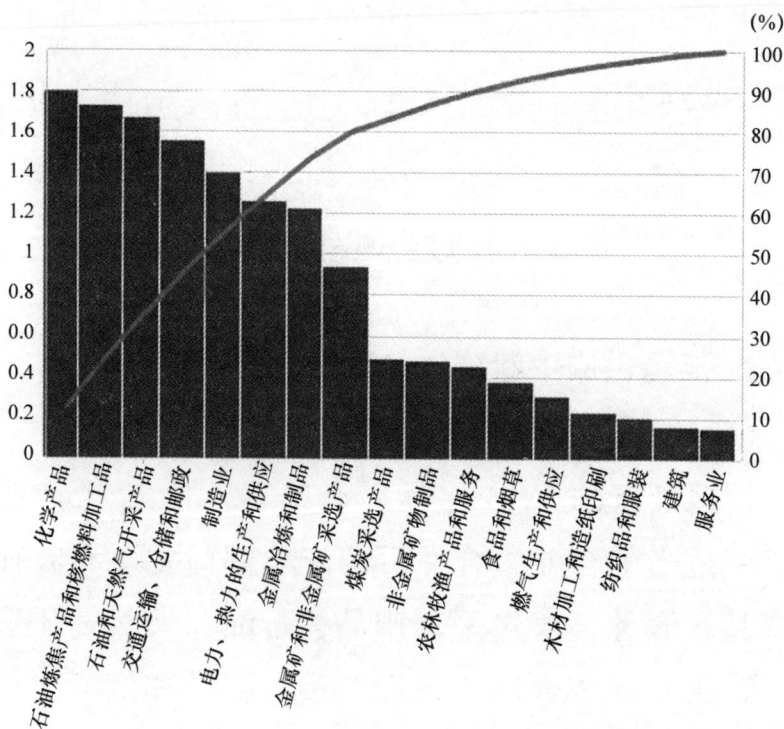

图18 石油供应中断对物价的影响

其他开采业、非金属矿物制品业受到石油价格上涨的冲击比较明显。第二种途径是石油—交通运输业，石油作为交通运输业燃料的重要来源，其价格上涨对交通运输业冲击较大，而民生与交通运输密切相关，石油供应中断不仅会对企业生产造成一定影响，还对人民群众生活造成很大的困难。

②天然气供应中断对物价的影响

图19模拟天然气供应中断导致天然气价格上涨10%对各部门影响的情景，现阶段天然气在中国能源结构中所占比例较小，但是天然气作为产业链的上游，

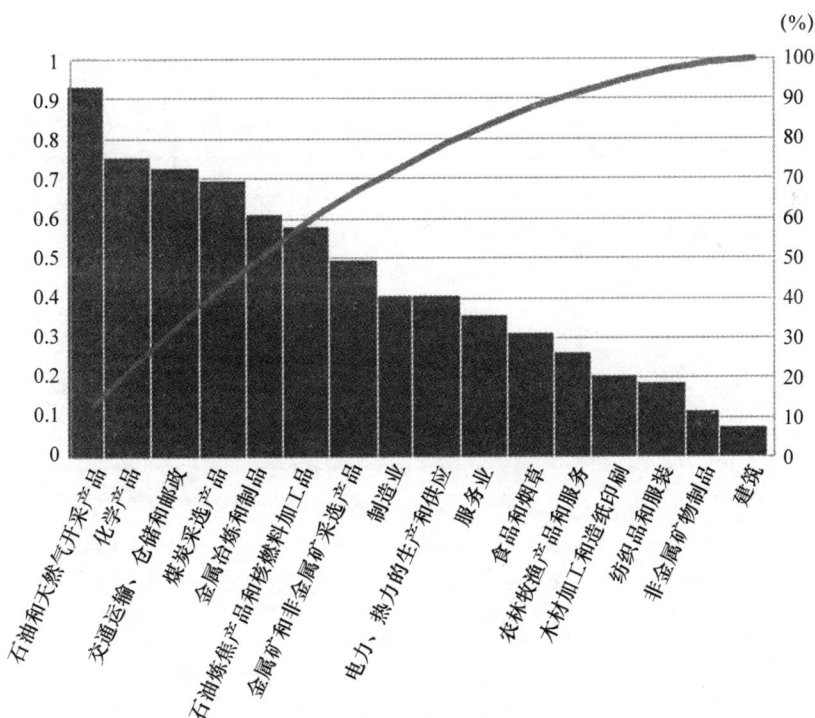

图19　天然气供应中断对物价的影响

天然气供给中断会造成价格上涨，进而会推动下游产业部门价格上涨，不同的产业部门价格上涨程度也表现不同。天然气下游产业链主要由天然气—交通运输业和天然气—化工产业链组成。受雾霾天气的影响，包括城市公交车和出租车等越来越多的交通工具使用天然气作为动力，天然气价格上涨对交通运输业的影响越来越大，因此，交通运输业对天然气价格上涨表现得较为敏感。化学工业要使用大量的天然气作为原料，天然气价格上涨对化工产业影响也较大。

（2）能源供应中断对产出的影响

图 20 模拟石油供应中断 10% 对各个产业部门产出

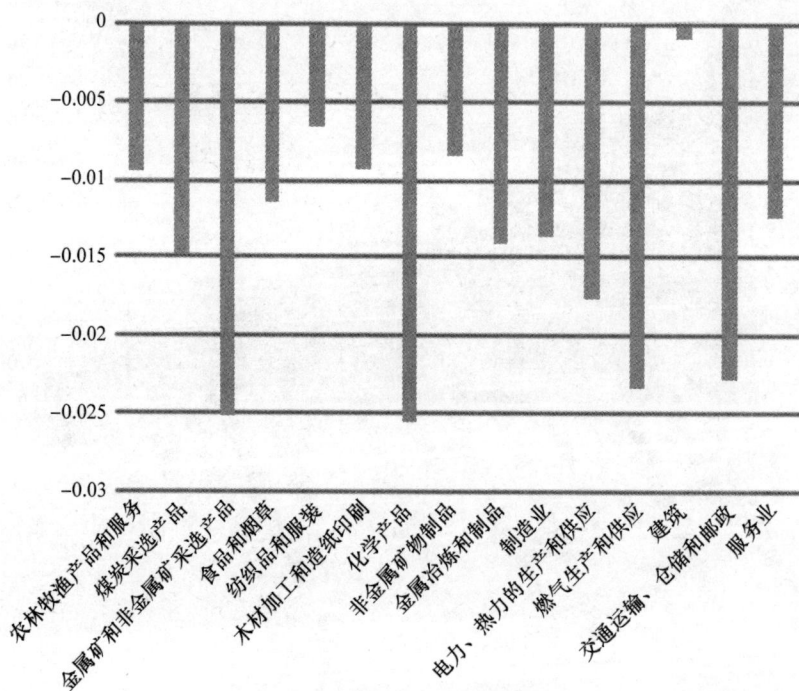

图20　石油供应中断对产出的影响

造成的影响，受石油供给中断影响较大的是化学工业和交通运输业，而服务业和轻工业等产业部门对石油的需求比较少，受石油供给中断的影响比较小。受能源替代的影响，煤炭开采和洗选业、天然气开采业等产业部门产出则增加。

图21模拟天然气供应中断10%对各个产业部门产出造成的影响，各产业部门的产出会产生一定程度的影响，就不同部门来看，由于化学工业所消费的天然气占到中国天然气总消费的30%以上，比其他工业消费要多很多，化学工业受到天然气价格上涨所受的冲击较大。CNG由于价格和环保优势正在成为天然气消

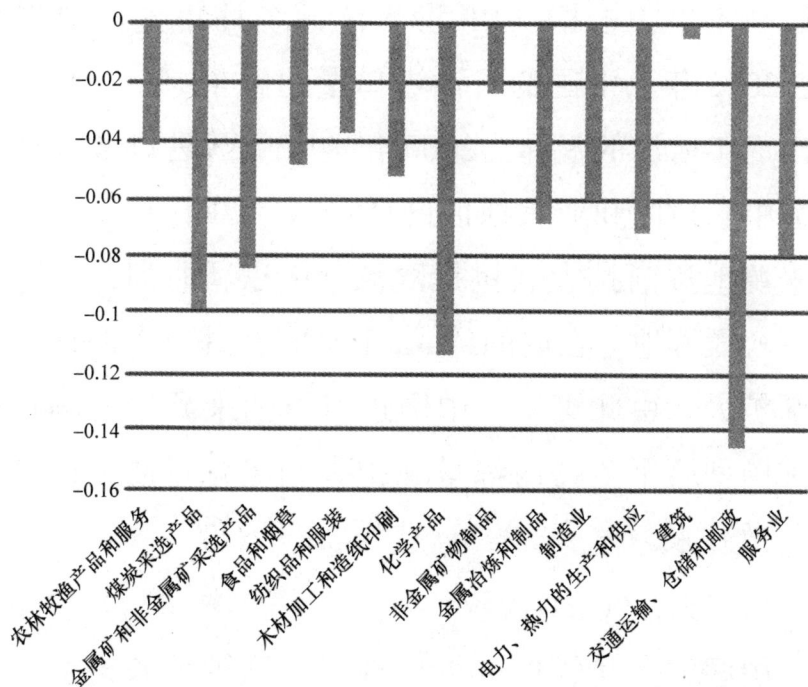

图21　天然气供应中断对产出的影响

费的一个重要途径，CNG 汽车在一些大城市发展较快，天然气价格上涨对交通运输业的产出冲击也非常明显。

（二）石油和天然气进口的福利分析

1. 中国石油与天然气进口

（1）中国石油进口现状

中国在 1993 年成为石油净进口国后，石油进口量持续增长，2002 年中国成为世界第二大石油消费国，超过了日本，仅次于美国。而石油对外依存度自 2009 年超过 50%，此后连续 8 年时间内中国石油对外依存度居高不下，根据《BP 世界能源统计年鉴》数据显示，2018 年，中国的石油进口量达到 46190 万吨，呈现出逐年增加的规律。2000 年前，中国进口来源地主要为中东地区和亚太地区的产油国，2000 年后石油进口来源地逐渐扩大到包括欧洲、中东、非洲、中南美洲、亚太等地区在内的约 42 个国家，进口来源地范围逐渐扩大。由此可知，中国进口石油来源地范围在区域和国别两个范畴内都呈现扩大趋势，石油进口量逐步分散开来。

（2）天然气进口现状

中国天然气的进口量呈现出猛烈的增长态势，据《BP 世界能源统计年鉴》数据显示，2018 年的天然气

（千桶/日）

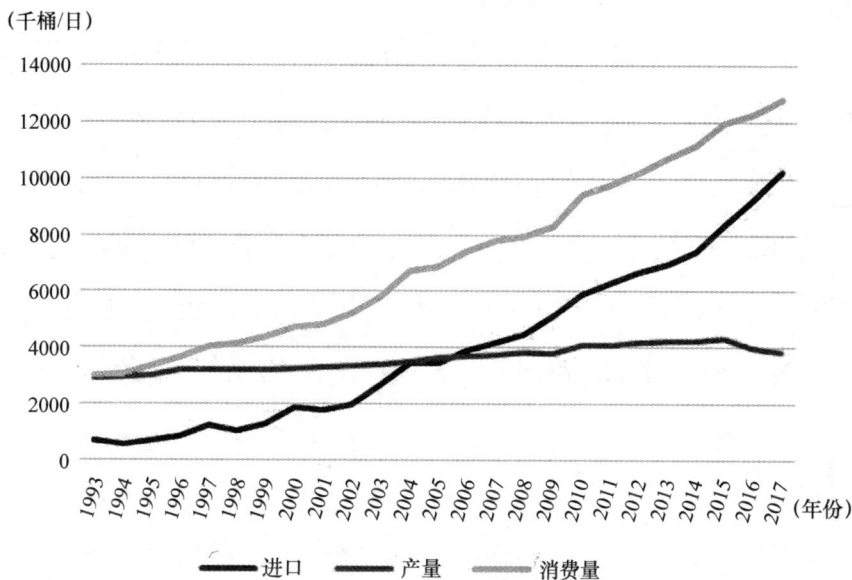

图 22　1993—2017 年中国石油产业发展状况

资料来源：BP2018 年统计数据。

进口量为 1254 亿立方米，同比增长 31.7%，进口天然气是国内天然气供应增长的主要来源。由此可以看出，从国外进口正逐渐成为中国天然气供应的重要组成部分，中国周边修建的天然气网络正逐步趋于完善，这对中国进口天然气起到了很好的促进作用，并对中国的节能减排、环境保护和未来的"低碳"目标的实现都将起到积极的作用。根据研究显示，中国天然气进口主要呈现出以下格局：第一，由于天然气进口量的不断提升，天然气进口来源国数量也在稳步增长，随之对应的进口来源地区涉及的区域不断拓展，一方面表明中国实施的多元化战略效果开始逐步初显；另一方面，也可以看出，随着中国天然气进口来源地逐步扩大，来源地的地理环境、地缘格局等正逐步变得愈加复杂。第二，传统能源产区亚太地区与中国天然气贸易往来较早的国家所占的市场份额处于下降中，中国天然气进口来源地逐步向中亚和东欧地区转变。第三，在中东的一些国家中，中国天然气进口市场所占份额出现不平衡变化，国家间进口份额占比两极分化显著。[①]

（十亿立方米）

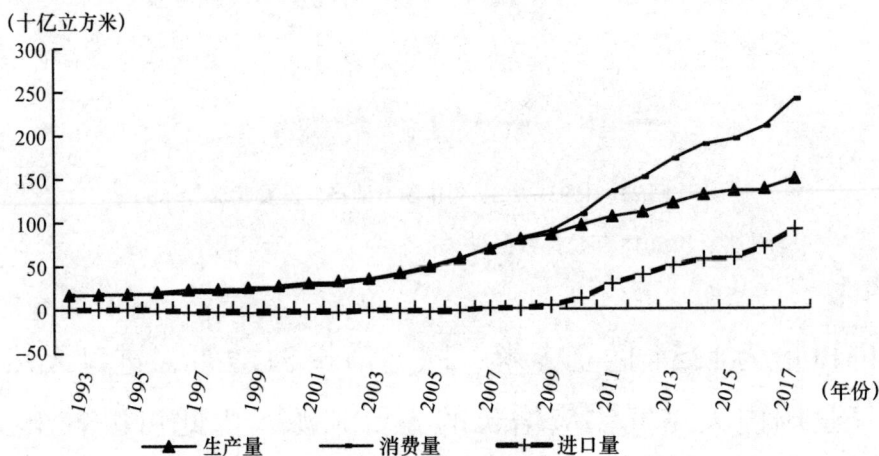

图 23   1993—2017 年天然气产业发展状况

资料来源：BP2018 年统计数据。

2. 理论基础与理论模型

（1）比较优势理论与要素禀赋理论

英国经济学家大卫·李嘉图提出比较优势理论，

---

① 孙聆轩、吴晓明、李建平等：《中国天然气进口空间格局演进及优化路径》，《天然气工业》2016 年第 2 期。

强调劳动生产率和生产成本的相对差别是各国进行国际贸易的来源。各国政府应集中本国资源大力生产并出口具有比较优势的产品与服务，而进口本国并不占优势的产品与服务。比较优势理论解释了能源进口贸易产生的原因，说明了中国能源进口有利于提高劳动生产率，实现资源的有效配置，达到社会效用最大化。相较其他能源出口国，由于中国国内能源要素禀赋不足，能源生产明显存在"比较劣势"。基于比较优势理论，能源进口有利于资本积累和生产力的发展。魏浩、郭也、沈融[1]也认为基于比较优势理论，中国从发达国家主要进口的是技术性商品，从发展中国家进口的主要是资源、能源类商品。

现代经济学中，要素禀赋理论强调能源进口，鼓励降低能源关税。要素禀赋理论指一国所拥有的生产要素，包括劳动力、资本、土地、技术等要素。1931年，瑞典经济学家俄林在国际贸易理论体系和国际分工贸易理论体系的基础上，进一步加以充实、修改和提高，完成了著作《区际贸易和国际贸易》，其中的理论被称为"要素禀赋理论"。基于利润最大化原则，各国应该出口使用本国充裕要素生产的产品，进口使用本国稀缺要素生产的产品，发挥其禀赋的资源优势，

---

① 魏浩、郭也、沈融：《进口制成品在中国市场上的比较优势及其变迁：2000 年—2011 年》，《经济经纬》2014 年第 5 期。

从而实现利益的最大化。根据要素禀赋理论，将能源投入作为生产要素引入生产函数中，中国相较其他能源出口国，能源要素特别是石油和天然气禀赋不足，自身能源生产成本较高，中国对于能源的进口有利于发挥本国禀赋优势，实现利益最大化。另一方面，降低能源关税有利于生产要素的有效利用，促进本国经济的持续发展。

（2）消费者的能源进口福利效应

①价格效应

假定不考虑消费者收入、气候、偏好等因素的影响，需求曲线不发生变动，需求只因商品价格的变化而变化，即只在需求曲线上发生点的移动。以原油为例，令其需求价格弹性与供给价格弹性相等时，如图24所示，进口原油前的市场均衡价格及均衡产量分别

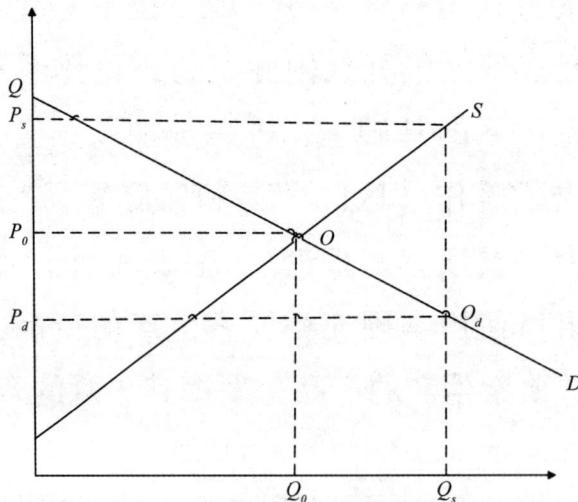

图24　能源进口的消费者价格效应

为 P_0、Q_0。消费者剩余为需求曲线以下、价格线以上的三角形面积，即三角形 OQP_0 的面积。

若在原油基础上扩大进口，由于石油供给增加，根据经济学原理，原油价格下降。图中 P_d 是进口后消费者支付的原油价格，在不考虑扩大生产情况下，只考虑原油价格上涨时，P_s 是生产商获得的进口后的净价。

要重新使得市场达到新的均衡点，明确新均衡数量 Q^*，必须满足新的均衡条件，首先，税后消费者支付价格仍在需求曲线上，生产商税后价格在供给函数上。用代数方程将需求与供给曲线表示如下：

需求曲线 D 的方程：

$$Q_d = b - aP_d$$

供给曲线 S 的方程：

$$Q_s = cP_s + d$$

满足市场新均衡，即需满足需求量与供给量相等条件：

$$Q_d = Q_s$$

明确 P_d、P_s 和 t 之间的关系，即扩大原油进口为消费者支付价格与生产商净价的差额，也即 $t = P_s - P_d$。

由以上三个新均衡条件，经推导，我们可以得到用四个方程系数求解得出 P_d、P_s、Q^* 的表达式，即：

$$P_d = \frac{b - d - ct}{a + c}, \quad P_s = \frac{at + b - d}{a + c}, \quad Q^* = \frac{bc + ad + act}{a + c}$$

原油未进口时的消费者福利为：

$$CS = \frac{(bc+ad)^2}{2a\,(a+c)^2}$$

原油进口时的消费者福利为：

$$CS' = \frac{(bc+ad+act)^2}{2a\,(a+c)^2}$$

消费者福利增加值为：

$$\frac{(2bc+2ad+act)\,a^2ct}{2a\,(a+c)^2}$$

假设需求曲线与供给曲线弹性绝对值相等，且皆为单位弹性，令其方程分别为：

$$Q_d = 1 - P_d,\ Q_s = P_s$$

则两方程系数分别为 $a=1$，$b=1$，$c=1$，$d=0$。扩大石油进口，价格下降 0.5 元。按照以上公式，可求解得消费者相关参数。

$Q_0 = P_0 = 0.5$，$P_d = 0.25$，$P_s = 0.75$，$Q^* = 0.75$

消费者在原油进口前的福利为 $CS = 0.125$；

消费者在原油进口后的福利为 $CS' = 0.281$。

②收入效应

当商品数量只有价格这一个因素影响其变化的时候，我们知道那只是需求曲线上点的移动。石油进口会产生两方面的效用，一方面是自身价格下降导致的需求效应，另一方面是其他商品价格下降导致的收入效应。但当影响因素多了"消费者收入"这个变量时，收入的变化会导致需求曲线发生整体的曲线移动。收入与需求量的关系通常是当收入增加，消费者的需求量也增加，反之亦然。收入不变时汽油均衡价格为 P_0，均衡数量为 Q_0。消费者收入增加时，需求曲线右移，与供给曲线产生新均衡点。

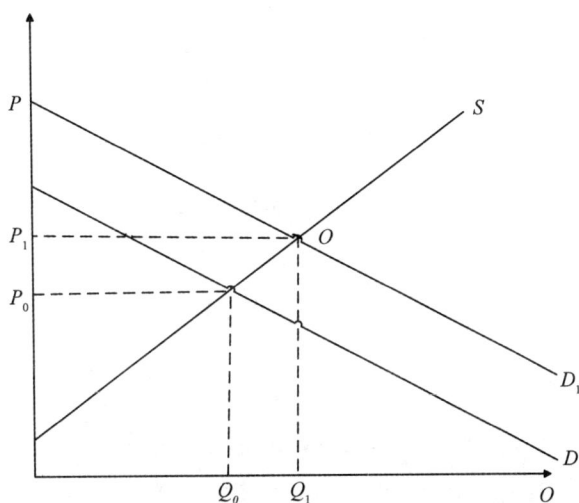

图25　能源进口的消费者收入效应

　　在这里假定汽油的消费数量在这里只受到商品价格及消费者收入两个因素影响，我们可以用代数方程表示供求曲线，即：

若收入增加 I，需求曲线 D 的方程：

$$Q_d = b - aP_d + eI$$

供给曲线 S 的方程：

$$Q_s = cP_s + d$$

满足市场新均衡，即需满足需求量与供给量相等条件：

$$Q_d = Q_s$$

新均衡价格和均衡数量分别为：

$$P_d = \frac{b - d + eI}{a + c}, \quad Q^* = \frac{bc + ad + ceI}{a + c}$$

石油进口前消费者收入未增长的剩余价值为：

$$CS = \frac{(bc + ad)^2}{2a(a + c)^2}$$

石油进口后消费者收入增长的剩余价值为：

$$CS' = \frac{(bc + ad + ceI)^2}{2a(a + c)^2}$$

（3）生产者的能源进口福利效应

①价格效应

假定不考虑生产者技术水平、成本等因素的影响，供给曲线不发生变动，供给只因商品价格的变化而变化，即仅在供给曲线上发生点的移动。令需求价格弹性与供给价格弹性相等，由图26所示可知，石油进口前生产者剩余为 OP_0P_2 的面积。

由于消费者需求增加，石油价格上涨，国内不能满足石油的需求，需进口一定的石油，市场达到新均衡点，生产者福利增加至区域 $P_sO_1P_2$。由需求曲线和供给曲线，可求得均衡价格和产量。

经分析可得，石油进口前生产者剩余价值为：

$$PS = \frac{(bc + ad)^2}{2a(a + c)^2}$$

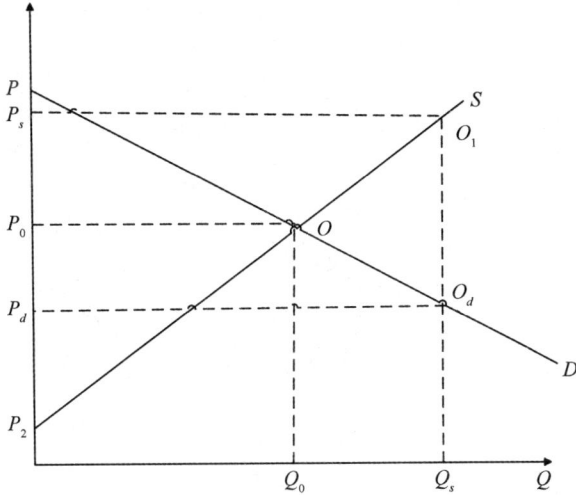

图 26　能源进口的生产者价格效应

石油进口前生产者剩余价值为

$$PS' = \frac{(bc + ad + act)^2}{2a\ (a+c)^2}$$

②成本效应

生产者扩大石油进口，增加了生产者之间的竞争，企业为了提升自身竞争力，优化生产流程，提高生产效率，成本较之前下降，因此供给曲线向右发生移动。若商品数量只有价格这一个影响因素，那么它只是反映在供给曲线上的点的移动，但如果存在其他因素的影响时，供给曲线是整条曲线的变化。假设价格不变，其他因素也不变的情况下，成本出现下降趋势时，从图 27 中可以看到，成本变化前，均衡价格为 P_0，均衡产量为 Q_0。当成本增加后，出现了新均衡点，新均衡

价格与产量分别为 P_1 和 Q_1。

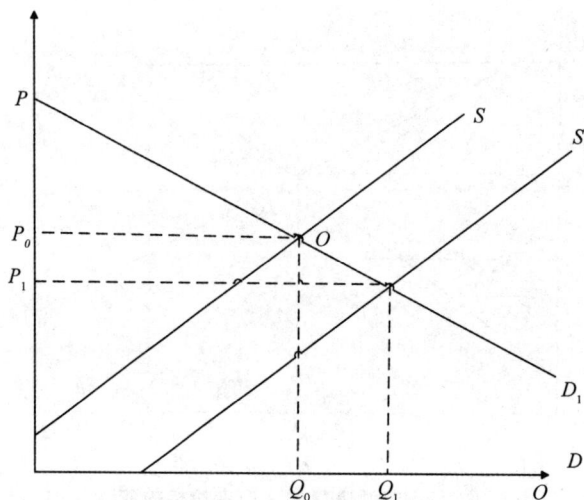

图 27　能源进口的生产者成本效应

假定生产者生产汽油，而汽油的生产量仅受汽油的价格与成本两个因素影响，与其他因素无关，设定供求曲线方程。以下式中，a、b、c、d 都为系数，生产者成本为 C。

需求曲线 D 的方程：

$$Q_d = b - aP_d$$

供给曲线 S 的方程：

$$Q_s = cP_s + d - fC$$

满足市场新均衡，即需满足需求量与供给量相等条件：

$$Q_d = Q_s$$

新均衡价格和均衡数量分别为：

$$P_d = \frac{b - d + eI}{a + c}, \quad Q^* = \frac{bc + ad + ceI}{a + c}$$

石油进口前消费者收入未增长的剩余价值为：

$$CS = \frac{(bc + ad)^2}{2a \ (a + c)^2}$$

石油进口后消费者收入增长的剩余价值为：

$$CS' = \frac{(bc + ad + afC)^2}{2a \ (a + c)^2}$$

（4）社会总福利

扩大石油进口后消费者的消费欲望增加，生产者的生产愿望也增加，市场供求扩大，消费者面临实际价格变为 P_d，低于原均衡价格，新均衡产量 Q_s 要大于社会最优产量 Q_0，消费者剩余增加，由石油进口前的三角形面积 OP_0Q，变为石油进口后三角形面积

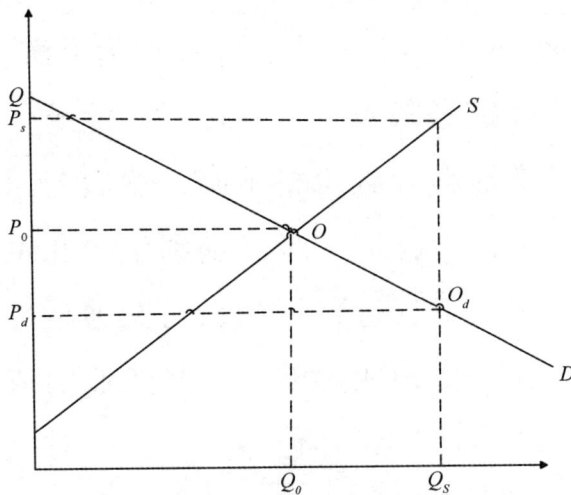

图 28　能源进口对社会总福利的影响效应

QQ_dP_d，生产者按价格 P_d 供给，生产者剩余也同样增加。社会总福利也随之增加，因为进口石油使得产品交易量增加，生产者和消费者福利都增加。

3. 能源进口福利的实证分析

基于相关经济学理论分析，我们可以得出：能源作为中国工业生产最基本的原材料，其进口增加会导致能源价格下降，能源价格下降将直接导致相关产业的产品成本和价格下降，引起总供给增加，降低通货膨胀。同时，消费者的购买力将增加，总体消费需求扩大，最终导致社会总产出的上升和总物价水平的下降，将促进经济增长。能源进口增加对中国经济的影响是全局性的，它可以从多种渠道、多种层面对中国实体经济构成影响。

依据理论分析可以看出，能源作为上游基础产业，其涉及的产业链条较长、行业广泛。能源作为上游产业，其进口增加会导致价格下降，然后会通过产业链条逐渐向下游传导，进一步渗透到生产和生活的方方面面。石油和天然气进口增加会对交通运输、化工等产业的成本和价格构成影响，这些产业的成本和价格波动又会进一步传导到其他相关产业，对生产领域的成本和价格构成影响，从而推动中国的工业品出厂价格指数（PPI）发生变化。由于上游工业品出厂价格指数的变化将会对日用消费品价格构成影响，所以 PPI 的上涨最终会对中国 CPI 形成影响，从而影响到中国的实体经济。在向 PPI 和 CPI 传导过程中会存在一定的偏差（影响效力和影响时滞），不同的行业或不同的时期会有所不同。以产品价格对原材料成本上涨的敏感程度来看，敏感度越高的行业则影响较大；敏感度较低的行业则影响较小。以产品价格传导能力看（原材料价格上涨未被企业消化而能够有效转移到所生产产品的价格上的能力，即产品价格传导能力），如果行业的价格传导力强则有利于企业的成本转嫁，反之，企业将面临较大的成本转嫁压力。

由于很多学者对 PPI 和 CPI 影响经济进行了大量的研究，本报告只对石油进口影响成品油价格和天然气进口影响燃气价格进行研究。

（1）数据来源与预处理

2016 年 1 月 13 日，国家发展改革委决定进一步完善成品油价格机制，设置调控上下限，不再发布指导价，这从政策层面上进一步确立了成品油价格市场化的形成。因此，在对石油进口的影响效应研究中，考虑构建 VAR 模型的数据要求，选取 2015 年 1 月至 2018 年 12 月的月度数据进行分析。选用中经网产业数据库的原油进口量作为石油进口的月度数据，石油加工工业生产者出厂价格指数作为中国石油价格的月度数据。

2014年9月国家发展改革委放开 LNG 销售价格，并于2015年4月实现存量气与增量气价格并轨，放开直供工业气的销售价格，这也从政策层面使天然气市场化迈出了步伐。因此，在对天然气进口的影响效应研究中，选取2015年1月至2018年12月的月度数据进行分析。选用中经网产业数据库的天然气进口量作为进口的月度数据，选用燃气生产和供应业工业生产者出厂价格指数作为中国燃气价格的月度数据。

同时，工业品出厂价格指数同比数据来源于中经网产业数据库。

由于以上数据为2015—2018年的月度数据，为了消除时间序列中的季节变动要素，从而显示出序列潜在的趋势循环分量——因为趋势循环分量能够真实地反映经济时间序列运动的客观规律，以进行客观的经济分析——本报告采用 CensusX12 方法对数据季节调整，石油进口量、成品油价格和工业品出厂价格调整后的变量记为：oil_sa、$petr\_sa$、ppi_sa。天然气进口量、燃气月度价格分别记为 $ipgas\_sa$、gas_sa。

为了消除时间序列中异方差，并将指数趋势转变为线性趋势，对石油季节调整后的序列取对数，从而得到序列 $Loil$、$Lpetr$ 和 $Lppi$。对天然气季节调整后的序列取对数，从而得到序列 $Lipgas$ 和 $Lgas$。

（2）平稳性检验

三个变量 *Loil*、*Lpetr* 和 *Lppi* 的原始序列都是不平稳序列，但其一阶差分后都为平稳序列。基于三个序列都是同阶的单整序列，可以进一步检验各个变量之间的长期均衡关系。

表9　　　　　　　　　石油价格的平稳性检验

变量	1%	5%	P	结论
Loil	−4.4206	−3.2598	3.2058	不平稳
DLoil	−5.1198	−3.5196	−12.4523 ***	平稳
Lpetr	−4.4206	−3.2598	4.3719	不平稳
DLpetr	−5.1198	−3.5196	−4.8200 **	平稳
Lppi	−4.5827	−3.3210	−2.5262	不平稳
DLppi	−4.8035	−3.4033	−4.7610 **	平稳

两个变量 *Lipgas* 和 *Lgas* 的原始序列都是不平稳序列，但其一阶差分后都为平稳序列。基于三个序列都是同阶的单整序列，可以进一步检验各个变量之间的长期均衡关系。

表10　　　　　　　　　天然气价格的平稳性检验

变量	1%	5%	P	结论
Lipgas	−4.4206	−3.2598	3.2058	不平稳
DLipgas	−5.1198	−3.5196	−12.4523 ***	平稳
Lgas	−4.4206	−3.2598	1.4008	不平稳
DLgas	−5.1198	−3.5196	−7.7837 ***	平稳

（3）石油进口的实证分析

①长期作用效力测度

构建相关序列的向量自回归（VAR）模型，并对相关变量进行协整检验。对具有协整关系的变量，分别构建协整模型和误差修正模型，以测度石油和天然气进口的长、短期效力。

表11　　　　　　　　　　　　$Loil$、$Lpetr$ 的 λ_{max} 检验

$Loil$、$Lpetr$ 的 λ_{max} 检验			
原假设	备择假设	λ_{max}	5%临界值
R = 0	R > 0	19.38704	15.87696
R < = 1	R > 1	5.894258	12.51798

表12　　　　　　　　　　　　$Lpetr$、$Lppi$ 的 λ_{max} 检验

$Lpetr$、$Lppi$ 的 λ_{max} 检验			
原假设	备择假设	λ_{max}	5%临界值
R = 0	R > 0	25.87211	20.97386
R < = 1	R > 1	5.282630	12.51798

根据表11、表12的检验结果可知，在5%的显著水平下，当原假设为 $r = 0$ 时，两个模型的 λ_{max} 检验值均大于5%临界值，因此迹检验表明：在5%显著水平下存在协整方程。根据协整检验结果可以判定，$Loil$ 与 $Lpetr$、$Lpetr$ 与 $Lppi$ 之间均存在协整关系。根据协整检验，进一步写出协整方程为：

$$Lpetr = -0.564097Loil - 0.109763$$

$$(0.25510)\quad(0.02354)$$

$$Lppi = 0.115028Lpetr + 0.091039$$

$$(1.17469)\quad(0.03146)$$

从上述协整方程可以看出：石油进口会对成品油价格和 PPI 产生影响，长期来看，其对成品油价格的影响效力为 0.564097%，成品油价格对 PPI 的影响效力为 0.115028%，符合传导机制的理论描述。

②短期作用效力测度

以上协整方程描述了序列之间的长期关系，考察石油进口对成品油和 PPI 的短期作用效力需要进一步构建向量误差修正模型（ECM）。

表 13　　　　　　　　*Loil、Lpetr* 的误差修正模型

变量	系数	标准误	T 统计量	P 值
C	0.601998	0.394868	1.524552	0.0513
LOIL	0.289079	0.061589	4.693665	0.0004
LPETR（−1）	0.940396	0.232712	4.041036	0.0014
LPETR（−2）	−0.367978	0.145347	−2.531715	0.0250
LOIL（−1）	−0.135336	0.100402	−1.347937	0.0207
R-squared	0.966842	Mean dependent var		5.523195
Adjusted R-squared	0.956640	S. D. dependent var		0.341955
S. E. of regression	0.071206	Akaike info criterion		−2.216354
Sum squared resid	0.065913	Schwarz criterion		−1.969029
Log likelihood	24.94719	Hannan-Quinn criter.		−2.182252
F-statistic	94.76620	Durbin-Watson stat		2.386970
Prob（F-statistic）	0.000000			

表 14   *Lpetr*、*Lppi* 的误差修正模型

变量	系数	标准误	T 统计量	P 值
C	1. 668456	1. 240643	1. 344832	0. 0217
LPETR	0. 284694	0. 074962	3. 797831	0. 0022
LPPI（-1）	0. 473945	0. 316420	1. 497833	0. 0581
LPPI（-2）	0. 009989	0. 246148	0. 040580	0. 0482
LPETR（-1）	-0. 141717	0. 111559	-1. 270327	0. 0262
R-squared	0. 928660	Mean dependent var		4. 761556
Adjusted R-squared	0. 906709	S. D. dependent var		0. 099552
S. E. of regression	0. 030407	Akaike info criterion		-3. 918170
Sum squared resid	0. 012019	Schwarz criterion		-3. 670845
Log likelihood	40. 26353	Hannan-Quinn criter.		-3. 884067
F-statistic	42. 30626	Durbin-Watson stat		1. 467871
Prob（F-statistic）	0. 000000			

根据表 13、表 14 的信息，可以得到 Loil 与 Lpetr、*Lpetr* 与 *Lppi* 的短期效力方程，结果如下：

$$LPETR = 0.940396 \times LPETR(-1) - 0.367978 \times$$
$$LPETR(-2) - 0.135336 \times LOIL(-1) +$$
$$0.289079 \times LOIL + 0.601998$$

$$Lppi = 0.473945 \times LPPI(-1) + 0.009989 \times$$
$$LPPI(-2) - 0.141717 \times LPETR(-1) +$$
$$0.284694 \times LPETR + 1.668456$$

ECM 模型说明，石油进口对成品油价格和 PPI 具有短期作用效力，同时模型也反映了对偏离长期均衡的调整力度，当短期波动偏离长期均衡时，将分别以 0.94% 和 0.47% 的速度对下个月的值产生影响，并在经过短期误差修正后，最终实现长期均衡。石油进口

每变动1%，当期引起成品油反向变动0.1353%，第2期引起反向变动0.2890%；成品油价格波动每变动1%，当期引起PPI同向变动0.1417%，第2期引起反向变动为0.2846%。

（4）天然气进口的实证分析

①长期作用效度

表15　　　　　　　　$Lipgas$、$Lgas$ 的 λ_{max} 检验

$Lipgas$、$Lgas$ 的 λ_{max} 检验			
原假设	备择假设	λ_{max}	5%临界值
R = 0	R > 0	16.18064	11.55636
R < = 1	R > 1	5.025578	10.62801

表16　　　　　　　　$Lgas$、$Lppi$ 的 λ_{max} 检验

$Lgas$、$Lppi$ 的 λ_{max} 检验			
原假设	备择假设	λ_{max}	5%临界值
R = 0	R > 0	45.21962	19.38704
R < = 1	R > 1	9.271476	12.51798

根据表15、表16的检验结果可知，在5%的显著水平下，当原假设为 r = 0 时，两个模型的 λ_{max} 检验值均大于5%临界值，因此迹检验表明：在5%显著水平下存在协整方程。根据协整检验结果可以判定，$Lipgas$ 与 $Lgas$、$Lgas$ 与 $Lppi$ 之间均存在协整关系。根据协整检验，进一步写出协整方程为：

$$Lgas = -0.115028Lipgas - 0.109763$$

$$(1.17469)\quad(0.03146)$$

$$Lppi = 0.031192Lgas + 0.063457$$

$$(0.31523)\quad(0.00811)$$

从上述协整方程可以看出：天然气进口会对燃气价格和 PPI 产生影响，长期来看，其对燃气价格的影响效力为 0.115028%，燃气价格对 PPI 的影响效力为 0.031192%，符合传导机制的理论描述。

②短期作用效度

以上协整方程描述了序列之间的长期关系，考察天然气进口对燃气和 PPI 的短期作用效力需要进一步构建向量误差修正模型（ECM）。

表 17　　　　　　　　　　　*Lipgas*、*Lgas* 的误差修正模型

变量	系数	标准误	T 统计量	P 值
C	0.337605	0.188481	1.791184	0.0966
Lipgas	0.036664	0.010491	3.494856	0.0040
Lgas（−1）	0.688126	0.251302	2.738244	0.0169
Lgas（−2）	0.189134	0.219951	0.859892	0.0454
Lipgas（−1）	−0.012604	0.013259	−0.950594	0.0391
R − squared	0.993810	Mean dependent var		4.796907
Adjusted R-squared	0.991905	S. D. dependent var		0.142385
S. E. of regression	0.012811	Akaike info criterion		−5.646919
Sum squared resid	0.002134	Schwarz criterion		−5.399593
Log likelihood	55.82227	Hannan-Quinn criter.		−5.612816
F − statistic	521.7573	Durbin-Watson stat		2.212414
Prob（F − statistic）	0.000000			

表 18　　　　　　　　　　　*Lgas*、*Lppi* 的误差修正模型

变量	系数	标准误	T 统计量	P 值
C	− 0.458115	0.171282	− 2.674619	0.0191
LGAS	0.342573	0.071370	4.799968	0.0003
LPPI（−1）	0.778268	0.224525	3.466284	0.0042
LPPI（−2）	0.146355	0.203429	0.719440	0.0446
LGAS（−1）	− 0.165870	0.090070	− 1.841557	0.0485
R-squared	0.995007	Mean dependent var		4.796907
Adjusted R-squared	0.993471	S. D. dependent var		0.142385
S. E. of regression	0.011505	Akaikeinfocriterion		− 5.861925
Sum squared resid	0.001721	Schwarz criterion		− 5.614600
Log likelihood	57.75733	Hannan-Quinn criter.		− 5.827822
F-statistic	647.6906	Durbin-Watson stat		1.947557
Prob（F-statistic）	0.000000			

根据表 17、表 18 的信息，可以得到 *Lipgas* 与 *Lgas*、*Lgas* 与 *Lppi* 的短期效力方程，结果如下：

$$\text{Lgas} = 0.688126 \times \text{Lgas}(-1) + 0.189134 \times$$
$$\text{Lgas}(-2) - 0.012604 \times \text{Lipgas}(-1) +$$
$$0.036664 \times \text{Lgas} + 0.337605$$

$$\text{Lppi} = 0.778268 \times \text{Lppi}(-1) + 0.146355 \times$$
$$\text{LPPI}(-2) - 0.165870 \times \text{Lgas}(-1) +$$
$$0.342573 \times \text{Lgas} - 0.458115$$

ECM 模型说明，天然气进口对燃气价格和 PPI 具有短期作用效力，同时模型也反映了对偏离长期均衡的调整力度，当短期波动偏离长期均衡时，将分别以 0.69% 和 0.78% 的速度对下个月的值产生影响，并在经过短期误差修正后，最终实现长期均衡。天然气进

口每变动 1%，当期引起燃气价格反向变动 0.0126%，第 2 期引起正向变动 0.0367%；燃气价格波动每变动 1%，当期引起 PPI 反向变动 0.1659%，第 2 期引起正向变动 0.3426%。

（三）石油和天然气进口的风险分析

1. 石油进口的风险

（1）油价波动风险

尽管中国石油进口规模逐渐增加，但是进口规模与国际石油定价权不匹配，由于无法左右国际油价的波动，石油价格波动的传统安全风险依然是中国石油进口的一大隐患。以美国为首的 OCED 国家长期掌握国际原油定价权，欧美等地区的石油工序能够通过国际原油价格反映，但是亚太地区的原油价格则被动地接受欧美的定价，无法参与石油期货交易。全球原油市场政治色彩浓厚，特别是近年来特朗普政府从贸易角度对中国施压，政治干扰和石油期货下的原油价格波动对中国石油进口造成很大的风险。从国内来看，国内原油价格与国际市场原油价格联动，但是成品油定价机制并未完全市场化，这就为国际投机大油商利用期货市场与现货市场不衔接的空隙操控油价创造了机会，由于中国缺乏石油定价权，国际市场原油价格波动对中国进口石油无形中增加了高昂的成本,[①] 据相关学者测算, 国际油价波动给中国带来的福利损失在 75 亿—1682 亿美元之间, 相当于 GDP 的 0.57%—3.93%。[②]

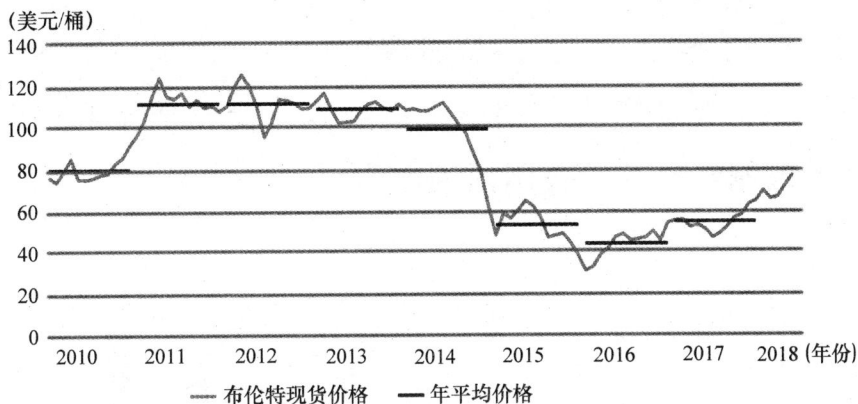

图 29　2010—2018 年全球原油价格

资料来源: BP 世界能源展望 2019。

(2) 石油进口的通道风险

中国石油进口 "大规模、多来源" 的趋势日益明显, 较长的海运距离给石油安全运输增加了风险。石油作为能源战略资源, 其运输通道必须保证运量大、风险可控、多通道等要求, 但是, 中国大部分从中东国家进口的石油必须通过马六甲海峡, 日益增大的石

---

① 蔡玲:《发展石油期货市场争夺石油定价权》,《中国对外贸易》2008 年第 7 期。

② Hong L., Lin S. X., "Do Emerging Markets Matter in the World Oilpricing System? Evidence of Imported Crude by China and India", *Energy Policy*, Vol. 39, No. 8, 2011, pp. 4624 – 4630.

油运输规模和多来源石油进口国增大了中国石油运输通道的风险。基于运输通道对中国石油安全命脉的遏制，中国积极通过国际合作建设石油运输管道，由于石油运输通道经过多个国家，一方面对经过国的主权和军事均有所影响，协调难度大；另一方面，石油管道建设具有耗资大、周期长的特点，受到成本和风险因素的制约，与所在国谈判较为艰难。

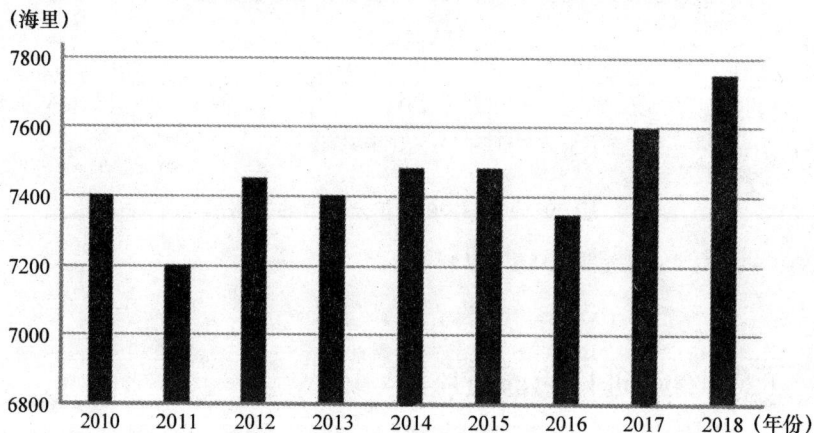

图30 中国原油进口海运平均运距

资料来源：智研咨询2018—2024年中国原油行业市场竞争格局及投资战略咨询报告。

（3）石油进口的地缘政治风险

石油资源分布的地理特征使中国石油进口面临空间错位的风险，同时，石油作为一种战略资源，产油区历来政治不稳定、宗教争端频现、战争频发，而中国石油来源国中大部分处于这些地区，地缘政治因素为中国石油进口带来很大的政治风险。中东地区传统争端高温不退，南美部分地区国内动乱见诸报端，石油贸易格局正慢慢调整，石油供给国与需求国之间的矛盾日益显现。中国一直倡导社会和谐、人类命运共同体的政治理念，强调须在全球范围内进行能源合作，但是，美国能源战略和贸易战略的改变给全球石油贸易格局带来很大的不稳定性，中东地区和南美地区的政治动荡也给国家石油环境蒙上阴影，地缘政治因素使中国面临较大的政治风险。

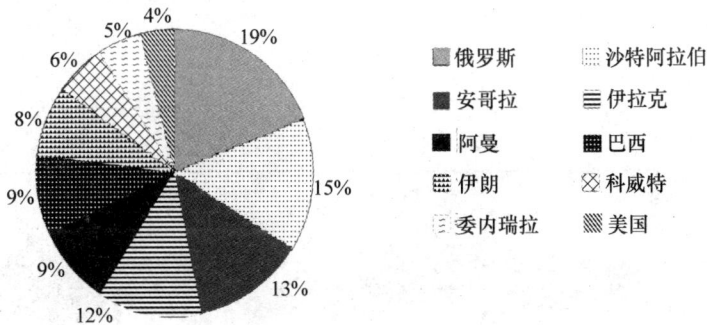

图31　2018年中国十大石油进口国比例

资料来源：海关总署。

2. 天然气进口的风险

（1）进口天然气价格风险

受国家能源结构调整和空气治理的影响，中国对天然气需求快速增加，而被动接受天然气价格将是中国进口天然气面临的贸易风险。目前，东亚地区没有独立的 LNG 定价机制，主要与日本原油综合价格进行挂钩。如 2004 年印度尼西亚虽然与中国签订了 25 年的天然气长期进口协议，但随后印方多次要求涨价，中国被动接受了涨价带来的损失。2018 年中国成为世界天然气第一进口大国，未来如果大量进口美国天然气，则必须接受亨利交易枢纽的天然气定价机制，仍然无法掌控定价权。[①] 除天然气价格无定价权外，由于中国无 LNG 运输船队，主要依赖于国际船东运输，这与中国第一大天然气进口国地位不匹配，还将被动接受运输费用，面临运费上涨的价格风险。

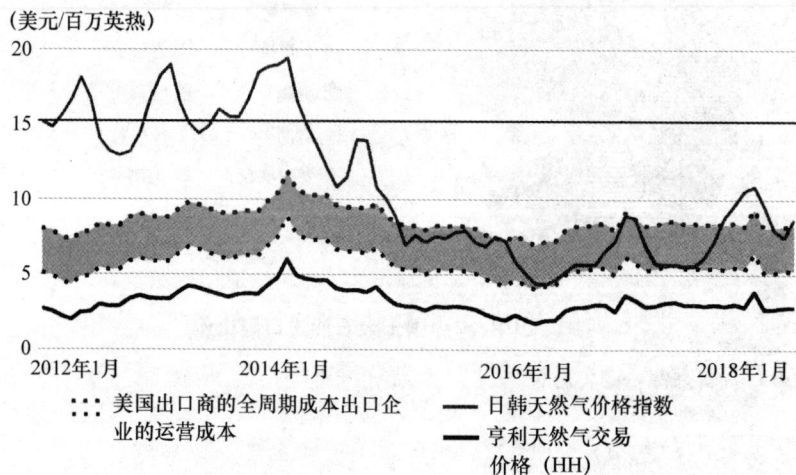

图 32　全球各地区天然气价格

资料来源：BP2018 年统计。

---

①　孙昭鹏：《Hery Hub 在北美天然气市场有效性探究》，硕士学位论文，中国石油大学（北京），2016 年。

（2）地缘政治风险

据海关总署数据统计，2018 年中国天然气进口同比增长 31.9%，约 9040 万吨，对外依存度超过 40%，进口量的井喷式增长为中国天然气供给安全带来较大的风险。从陆路运输来说，中国天然气进口主要来自俄罗斯、缅甸、中亚地区等国家，虽然上述国家与中国贸易关系稳定，"一带一路"理念也得到认同，但是上述国家也都尝试实现天然气出口多元化战略，为中国天然气稳定供应和价格稳定带来一定的风险，并且中亚地区恐怖活动频繁，民族关系复杂，如果恐怖组织和民族分裂组织以天然气管道为目标，将会严重威胁中国天然气供应安全。从海上运输来说，海运遭遇袭击也是中国天然气进口的风险，中国天然气大部

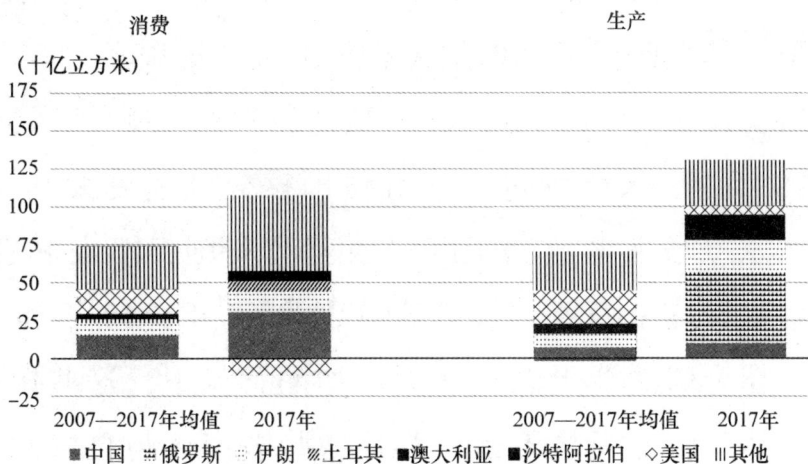

图 33　全球主要国家天然气贸易进出口

资料来源：BP2018 年统计。

分海运经过马六甲海峡、印度洋地区，如表 19 所示，[①]
这些地区是恐怖袭击和海盗活动的高发地，如发生风
险将严重威胁中国的天然气供应安全。

表 19　　　　　天然气进口各主要线路的里程距离和跨境情况

进口路线	过境或穿越海峡个数	距离（公里）
中东航线	4	5477
大洋洲航线	1	5000
北非航线	5	14481
东南亚航线	2	4514
南美航线	6	9285
中亚天然气管线	4	1833
中缅天然气管线	1	2806
中俄天然气管线	1	3968

（3）国外资源获取能力尚显不足

由于国内天然气供给有限，必将加快满足从国外
获取天然气的需求，但是天然气出口国资源潜力有限，
同时面临着多国竞争，长期稳定供应面临较大风险。
2018 年中国天然气进口前五位国家分别是澳大利亚、
卡塔尔、马来西亚、印度尼西亚和美国，澳大利亚、
卡塔尔和马来西亚的储产比分别为 60 年、40 年和 39
年，在全球消费天然气能力增加的背景下，这些国家
的天然气资源尚显不足，并且这些国家还与日韩建立

---

① 王旻昊：《我国天然气进口安全研究》，硕士学位论文，西南石油
大学，2015 年。

了较为稳定的天然气供应关系，美国与中国贸易关系长期并不明朗，因此，与管道气相比，中国液化天然气将会面临资源进口瓶颈。

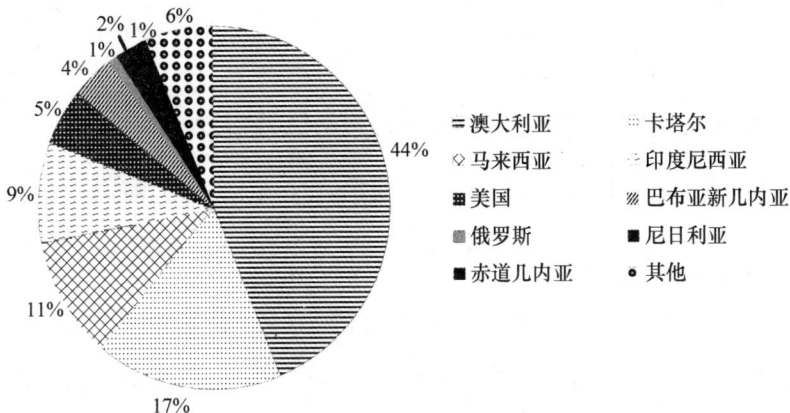

图34 中国液化天然气进口来源国

数据来源：海关总署。

（四）降低石油和天然气进口中断风险的措施

1. 降低石油进口中断风险的措施

（1）参与石油期货交易，降低价格风险

自20世纪70年代能源危机以来，石油价格已经从供需决定的价格机制转变为期货市场主导的定价体系。中国政府充分认识到建立石油期货市场的重要性，2010年上海石油交易所推出了液化石油气和液化天然气的现货交易，开启了中国石油期货市场的大门。2018年3月，中国原油期货市场建立，受到国际贸易

主体的关注，表明以人民币为报价货币的原油期货进入国际石油计价体系已慢慢推进，上海石油期货市场反应与国际原油市场实现联动，这为中国参与国际石油市场交易做出了重要贡献，也为中国争取国际石油市场的定价权奠定了坚实的基础。

（2）开展全方位外交战略，降低政治风险

随着国家能源委员会的建立，以"互利合作、多元发展、协同保障"的新型能源安全观成为制定石油贸易的指南，通过外交手段与能源发展进行有效对接，实现能源领域的"全方位"外交合作。由政府引导、企业牵头的国际油气合作机制不断完善，形成与国外石油资源丰富的国家互利共赢，取得了明显的外交成果，中亚—俄罗斯、非洲、中东、美洲、亚太五大海外油气合作区初步建成，西北、东北、西南和海上引进境外资源的四大油气战略通道建设快速推进，亚洲、欧洲和美洲三大油气运营中心粗具规模，油气投资业务与工程技术等服务保障业务一体化协调发展的格局已经形成。随着"一带一路"倡议的广泛开展，通过政府的顶层设计，巩固了中国与主要产油国的石油贸易合作，扩大了石油进口来源，增强了与产油国的政治互信，为石油、天然气等多种能源的产炼运销储贸奠定了贸易基础。

表20　　　　　　　　　　　主要石油合约

签订时间	合约国	合约名称
2005 年 1 月	中国—俄罗斯	《关于进口 4840 万吨俄罗斯原油的长期贸易合同》
2005 年 7 月	中国—俄罗斯	《长期合作协议》
2006 年 1 月	中国—沙特	《关于石油、天然气和矿产领域合作的议定书》
2006 年 1 月	中国—沙特	《关于石油、天然气、矿产领域开展合作的议定书的补充谅解备忘录》
2006 年 3 月	中国—俄罗斯	《俄罗斯境内开展石油资源勘探开发合作和在中国境内开展炼油加工和销售一体化合作的原则协议》
2006 年 12 月	中国—哈萨克斯坦	《中国石油天然气集团公司与哈萨克斯坦国家石油天然气股份公司关于中哈原油管道二期工程建设的基本原则协议》
2008 年 10 月	中国—俄罗斯	《石油领域合作谅解备忘录》
2012 年 6 月	中国—巴西	《十年合作规划》
2013 年 6 月	中国—俄罗斯	《预付款条件下俄罗斯向中国增供原油的购销合同》
2013 年 10 月	中国—俄罗斯	《预付款出口合同备忘录》
2014 年 5 月	中国—俄罗斯	《天津石油厂投产及向该厂供应原油的工作进度表》
2014 年 5 月	中国—哈萨克斯坦	《中哈管道出口原油统一管输费计算方法及各段所有者管费收入分配方法协议》
2016 年 5 月	中国—莫桑比克	《中国石油天然气集团公司与莫桑比克国家石油公司合作框架协议》
2017 年 5 月	中国—乌兹别克斯坦	《中国石油和乌兹别克国家石油公司购销合同的补充协议》
2017 年 5 月	中国—乌兹别克斯坦	《中国石油、中国银行、乌兹别克国家石油公司关于新丝绸之路项目融资贷款的协议》
2017 年 5 月	中国—俄罗斯	《中国石油与俄石油成立联合协调委员会协议》

签订时间	合约国	合约名称
2017 年 11 月	中国—阿联酋	《中国石油天然气集团公司与阿布扎比国家石油公司合作谅解备忘录》
2018 年 6 月	中国—俄罗斯	《标准及合格评定结果互认合作协议的补充协议》
2018 年 6 月	中国—哈萨克斯坦	《中国石油天然气集团有限公司与哈萨克斯坦能源部关于石油合同延期及深化油气领域合作的协议》
2018 年 7 月	中国—阿联酋	《中国石油天然气集团有限公司与阿布扎比国家石油公司战略合作框架协议》

（3）引领国际能源大通道建设，降低运输风险

海运作为中国石油进口的重要运输方式，以"一带一路"为着力点，加强与资源国开展多方位协商与合作，建设"六大经济走廊"项目，为中国石油进口开辟新通道，缩短石油进口运输距离，增强石油运输的主动权，降低了石油进口贸易成本。积极与俄罗斯协商，开辟包括东北航线和西北航线的北极通道，如果将北极航道与"一带一路"进行有效对接，将大大降低石油进口的运输风险，同时遵循"共建、共享、共赢"的理念，使贸易双方的成本大大降低。积极构建包括海运在内的立体运输通道，管道运输方面，中哈石油管道的开通将会贯通与俄罗斯、土库曼斯坦等国的石油运输，构建中亚的三角管网；铁路运输方面，积极利用亚欧大陆桥，开展油气铁路运输；公路运输方面，积极建设中巴经济走廊，将形成互补贯通的全

方位石油运输格局。

2. 降低天然气进口中断风险的措施

（1）争取天然气定价权，提升天然气贸易主导权

中国应发挥天然气进口量大的影响力，联合日本、韩国等亚太国家，争取天然气议价的主动权，打破"亚洲溢价"的局面，从而避免单方面价格上涨带来的福利损失，促进区域的天然气价格稳定。借鉴上海石油期货市场，建立天然气人民币结算体系，建成天然气期货交易市场，规避汇率风险。强化合同履约机制，推进与"一带一路"国家的管道建设和合同履约，打造天然气贸易枢纽，形成天然气贸易中心。针对LNG运输风险，提升LNG运输海运能力，组建大型LNG运输船队，克服远洋运输能力的短板，降低运费风险，形成科学合理的LNG配送体系。加强LNG贸易条款合约贸易能力，应尽量选择离岸定价条款，降低海上运输不确定性带来的运费风险。

（2）加强管道天然气合作，促进液化天然气进口来源多样化

管道天然气与液化天然气在进口来源、资源潜力等方面有很大不同，因此，针对管道天然气和液化天然气应采取不同的策略。管道天然气方面，应以"一带一路"合作为契机，加强与俄罗斯、缅甸、中亚等

部分国家的合作，以上海合作组织和亚洲基础设施投资银行为依托，通过多种渠道巩固与出口国的天然气贸易关系，增加天然气管网密度，发挥中国作为天然气消费市场的影响力，完善天然气合作开发机制。在液化天然气方面，对来源国进行风险评估，综合考虑资源赋存、政治稳定、海运距离等多方面因素，调整不同来源国进口 LNG 的比例，降低进口风险。具体国家方面，加大澳大利亚、印度尼西亚等国的进口力度。应充分考虑美国的贸易态度，评估贸易摩擦对天然气进口的影响，避免美国把石油天然气资源当作政治砝码。加强 LNG 海运领域的合作，与出口国一道维护海上 LNG 运输安全。

（3）积极调整能源消费结构，加快形成天然气调峰储备体系

中国经济快速发展将带动能源消费快速增加，天然气作为一种较为清洁的化石能源，其消费将会持续出现井喷式增长，这势必会加剧天然气供应的风险。因此，要转变"有需必有供"的消费模式，将天然气作为替代能源的重要补充，合理平衡各类能源消费结构，合理规范和引导天然气理性消费，避免天然气出现较大的供给风险。在国际市场充分争取天然气的定价权，争夺天然气消费的主导权，增强境外天然气的供给能力。为增强国内天然气供给的安全，建立天然气供应的应急机制，形成天然气调峰储备体系。鼓励天然气上中下游产业加大对天然气勘探、运输和开发的投资，加快与天然气有关的项目基础设施建设。此外，还应加快建设天然气储备体系，利用现有基础设施建立国家天然气储备库（如表21所示），降低天然气进口的风险，保障天然气的安全供给。

表21　　　　　　　　　　　　中国储气库项目

地区	储气库	设计气量（亿立方米）
大庆	喇嘛甸北块	1.5
江苏	金坛、刘庄	9.9
大港	大张巧、板876、板中北高点、板中南高点、板808、板828	69.57
辽河	双6	16
大港	板南	4
华北	苏1、苏4、苏20、苏49、顾辛庄、文23	28.5
西南	相国寺	23
新疆	呼图壁	45
榆林	榆林	60
大庆	大庆库群（3个库）	10
吉林	吉林库群（2个库）	10
辽河	齐口	2.5
江苏	金坛一期、二期盐穴、淮安盐穴	15.81
中原	文23一期、文96	19.95
胜利	永21	1.43
江汉	黄场盐穴	2.5
云南	安宁盐穴	9.9
湖北	云应盐穴	5.8
河南	平顶山盐穴	12.1

资料来源：孟超：《中国天然气安全综合评价与对策研究》，博士学位论文，西北大学，2016年。

四 能源供需缺口与能源投资

（一）中国能源资源开发需求分析

能源资源开发需求主要与能源需求量、能源资源开发潜力、进口替代能源有关。能源需求量决定了能源资源开发的理论上限，能源资源开发潜力决定了能源资源开发的实际上限，二者和进口替代能源一起决定了一定期间内的国家能源资源开发需求。

1. 石油和天然气开发需求

根据历史趋势，近十年来中国原油产量基本稳定在 2 亿吨左右，且有小幅下滑。近年来没有勘探发现大型油田，老油田产量不断收缩，截至 2017 年年底，中国累计石油探明地质储量 389.65 亿吨，剩余技术可采储量 35.42 亿吨，石油储采比一直徘徊在较低水平，剩余经济可采储量 25.33 亿吨，石油资源实际开发潜力有限。而随着经济发展，石油消费总量从 2000 年的 2.26 亿吨增至 2010 年的 4.4 亿吨，虽然随着经济增速放缓，石油消费增速有所减缓，但石油消费总量仍增至 2018 年的 6.14 亿吨。经济增速放缓会减缓石油消费增速，但能源结构转型会相应增加相对清洁的石油消费需求的比重，石油需求总趋势仍将增长，石油消费需求与石油资源开发之间的差距越来越大，差额石油需求都由进口石油满足。在不发生重大国际冲突以致世界石油生产、运输中断时，通过贸易渠道可以保证中国正常石油供应。虽然石油价格会影响石油公司生产的积极性，但在没有重大勘探突破的情况下，中国石油资源开发需求将徘徊在 2 亿吨左右。

截至 2017 年年底，中国累计探明天然气地质储量 14.22 万亿立方米，剩余技术可采储量 5.52 万亿立方米，剩余经济可采储量 3.91 万亿立方米，页岩气探明储量超过 1 万亿立方米，且增长迅速，天然气资源具有较好开发潜力。从 2000 年至今，中国天然气产量快速增长，从 2000 年的 272 亿立方米增至 2018 年的 1610 亿立方米。2018 年天然气消费量突破 2800 亿立方米，天然气需求远大于实际产量，且随着中国发展绿色经济和能源结构的不断优化调整，清洁优质的天然气资源在发电、取暖、生活用气等方面均将更多替代煤炭，天然气需求量将有较大提高。差额天然气需求由进口管道天然气和液化天然气满足。虽然中国天然气年产量增速起起落落，但近十年来中国天然气产量复合增长率约为7%，近两年有增速提高的趋势，未来一定时期内中国天然气资源开发需求将有望达到每年10%的增长率。

表22   中国能源产量历史数据

年份	能源生产总量 （万吨标煤）	原油 （万吨）	天然气 （亿立方米）	煤 （万吨标煤）	发电量 （亿千瓦时）
2000	138570	16300	272	101017	13556
2001	147425	16396	303	107031	14808
2002	156277	16700	327	114238	16540
2003	178299	16960	350	134972	19106
2004	206108	17587	415	158085	22033
2005	229037	18135	493	177274	25003
2006	244763	18477	586	189691	28657
2007	264173	18632	692	205526	32816
2008	277419	19044	803	213058	34669
2009	286092	18949	853	219719	37147
2010	312125	20301	948	237839	42072
2011	340178	20288	1027	264658	47130
2012	351041	20700	1072	267493	49378
2013	358784	21076	1210	270523	52451
2014	361866	21256	1302	266333	55459
2015	361476	21486	1345	260986	56184
2016	346037	19841	1371	240816	59111
2017	359000	19200	1487	251328	65000
2018	370000	19000	1610	262752	68000

资料来源：国家统计局。

2. 煤炭开发需求

截至2017年年底，中国煤炭探明地质储量1.67

万亿吨，具有很大开发潜力。2011 年以来煤炭消费需求基本稳定在 27 亿吨，煤炭产量基本维持在 26 亿—27 亿吨，进口煤炭占比很低，国内产量基本可以满足煤炭需求量。煤炭是中国最主要的一次能源，但煤炭的开发和使用都会对环境造成破坏，近年来煤炭占中国一次能源的比重总体呈下降趋势，在中国环保政策趋严的形势下，虽然煤改电、煤改气等使煤炭的使用空间进一步被压缩，但考虑到中国的能源资源禀赋和已有能源使用设施的转型、其他能源份额的成长和可获得性，相当长时间内煤炭仍将维持中国最主要一次能源的地位。但是煤炭作为中国优势能源资源在能源安全中仍具有重要作用，因为中国具有丰富的煤炭资源开发潜力和煤炭产能，一定程度上煤炭资源开发需求不仅取决于正常煤炭需求，也与石油和天然气的可获得性负相关，因而未来煤炭资源的开发需求弹性较大。综合考虑经济发展、环境保护、能源安全，未来中国煤炭资源开发需求将稳定在 20 亿—25 亿吨。

3. 电力（含水电、火电、核电、风电、太阳能）开发需求

经过"十五""十一五""十二五"和"十三五"前半段的电力工业发展，中国电力生产量快速增长，远高于同期的煤炭和石油产量增长率，2018 年中国发

电量达 6.8 万亿千瓦时，比 2000 年增加了 4 倍，年均复合增长率 9.37%，一批重大新电源和电网工程建设完成，基本解决了中国原来的电力短缺问题。中国每年都有一定电力出口到东南亚国家，但占电力产量比重很低，2018 年出口电力 189 亿千瓦时，占电力产量的 0.278%。电力需求同经济增长密切相关，每年发电量增速与 GDP 增长率密切同步，2001—2018 年的发电量增长率与 GDP 增长率相关系数为 0.77。考虑到中国经济的发展趋势进入新阶段、新常态，发展由更加注重量到更加重视质的转变，结合经济增速预计未来中国电力资源开发需求量将保持每年 5% 的增长率。

具体而言，根据历史趋势数据，火电在清洁化以后将继续成为电力资源开发主要品种，保持 3%—5% 的增长速度。水电受制于自然条件和生态环境保护的考虑，将维持目前的产量甚至缩减。相对清洁、可持续的核电、风电、太阳能等电力品种受益于技术进步、国家政策倾斜仍将有较高的增速，核电产量增速将保持在 10%—15%，风电和太阳能产量增速将保持在 10%—20%。

（二）中国能源资源投资需求分析

中国能源资源投资需求的依据是中国能源资源开

发的需求，根据能源资源开发量和单位能源开发投入成本，可以估算出能源投资需求。从投资需求来源看，要满足能源资源开发需求，一方面需要投资于存量资产维持现有产出，另一方面需要投资新项目或扩大生产以满足增加产量的需求，二者共同构成了能源投资需求。从具体能源行业来看，石油和天然气行业的投资需求主要包括勘探开采投资、管道运输投资、炼化处理投资、销售终端投资；煤炭投资需求主要包括煤炭勘探和采煤投资、选煤洗煤投资；电力投资需求主要包括发电厂电源投资、电网投资。在一定时间段内各能源分行业内侧重的能源投资领域会发生变化。

1. 石油和天然气投资需求

国际油价和进口油气的可获得性将对国内油气勘探开采投资造成重要影响。勘探开采始终是石油和天然气投资需求的最重要部分，一方面已经投产的油气田为了保持产量需要更新、改造、维修投资，随着油气田生产时间的增加和油气田资源开采难度的增加，这部分投资所占比重将有所提高；另一方面为了满足国内能源产量需求需要不断保持油气勘探、新油气田的开发投资。根据每年的石油天然气开采业投资和每年的油气产量历史数据，近年来石油和天然气的开采投资与油气产量的关系约为 1000 元/吨，以此计算

2025 年石油和天然气开采业投资为 4500 亿元，2030
年为 6000 亿元。

油气管道投资方面，根据历史数据，天然气管道
建设成本 2000 万元/公里，原油管道 600 万元/公里，
成品油管道 600 万元/公里。2018 年中国油气管道总里
程 12.23 万公里，其中天然气管道约占 60%。尽管经
过"十一五""十二五""十三五"前半段时间的建
设，一批骨干油气管道如西气东输、陕京线、忠武线
等建成，国内油气骨干管网基本形成规模，但随着国
内石油和天然气消费量的继续增加，中国油气管道仍
需大量投资。"十三五"末中国油气管道总里程有望
达到 14 万公里，比"十二五"末增加约 3 万公里。若
经济增长放缓，油气终端消费降速，加上在建管道的
投产，可能会导致油气公司放缓管道建设步伐，但作
为重要的基建设施，也可能被政府作为刺激经济的投
资手段。美国干线管道总里程超过 50 万公里，中国管
网规模与其仍有较大差距，假设管道建设在"十四
五"和"十五五"仍保持同等长度增加，每个时期建
设 3 万公里管道，70% 为天然气管道，可估算出两阶
段的油气管道投资将达到 4320 亿元，每年 864 亿元。

炼化投资方面，经过长期的中央企业和地方国企、
民营企业对炼厂的投资，目前中国炼能过剩较为严重，
炼化投资经过 2014 年高峰的 3208 亿元，已经降到近

几年的 2600 亿元。根据目前炼厂利用率，未来一段时间内中国炼化投资不会有太大增加，主要用于设备更新改造，预计每年会保持在 2500 亿元左右。

销售终端投资方面，2017 年中国有加油站门店数约 3.3 万座，比 2016 年减少 7%，增速放缓明显。未来加油站主要投资包括新建公路加油站和老旧加油站设备更新、改造投资。根据历史数据，近年来每年新增公路 10 万公里，每 100 公里新建一座加油站，每座投资 1000 万元，新建加油站每年需投资 100 亿元，旧加油站维持、改造需投资 50 亿元，加油站投资需求每年约 150 亿元。

2. 煤炭投资需求

根据近年来中国煤炭选采业投资与煤炭产量的历史数据，单位煤炭产量对应的选采投资不断降低，2017 年约为 100 元/吨。假设技术进步导致选采成本下降，但环保要求的不断提高将迫使煤炭投资增加，单位产量煤炭投资维持不变。要维持 20 亿—25 亿吨的煤炭产量，煤炭业每年需投资 2000 亿—2500 亿元。

3. 电力投资需求

2018 年中国电力投资超过 8000 亿元，其中 66.4% 用于电网投资，达 5373 亿元，剩余的 2719 亿元用于电源投资。电网投资增速放缓，电网投资高于电源投资是对过去"重发轻送"问题的改正，电网投资主要以交流送变电为主。电源投资中火电投资额仍然最高，但投资额和增速不断下滑，可持续、清洁的水电和核电投资额和增速较高，是电源投资的倾斜重点，风电、光伏投资增速加快。未来，随着中国电网建设、改造的逐渐完成，新建电网项目减少，电网投资将逐渐降低。随着环保、绿色发展的要求日益趋严，传统火电电源清洁改造项目将增多，清洁、可再生的水电、核电、太阳能、风电投资将有所增加，其中核电、太阳能、风电投资需求仍将旺盛。根据对中国电力资源开发需求的分析，电网投资在 2025 年和 2030 年有望降低并维持到每年投资 4000 亿元，电源投资与经济增长保持同步，每年增加 5%，2025 年将达到 3800 亿元，2030 年将达到 4900 亿元。

（三）中国海外能源投资及其对保障　　　能源安全的贡献

1. 中国海外能源投资概况

由于中国经济高速增长对能源需求不断加大，而国内石油和天然气资源匮乏、外汇储备不断走高等原因，中国很早就制定了到海外开展能源投资的策略。

1993 年中国化工进出口总公司与沙特签订进口石油协议，标志着中国开始投资海外能源，也是在同一年，中央财经领导小组会议确定了"要利用国外油气资源，弥补国内不足"的发展方针，1997 年中国政府正式提出"走出去"战略，对外能源投资不断发展，中国公司通过绿地投资、并购、非股权投资获得了大量海外能源资产和份额，建成了一批战略能源通道，保障了中国不断增长的能源需求和安全。

投资规模上，2005—2016 年中国共通过股权投资方式投资海外 325 个能源项目，共计 3547.7 亿美元。投资额从 2005 年的 63.6 亿美元增至 2016 年的 360.5 亿美元，增长了 4.7 倍。

投资结构上，石油在投资额增高的同时占比不断下降，2005 年几乎全部为石油投资，2016 年石油增量投资占比降至 19.7%。电力投资从 2008 年迅速突起，至 2016 年投资增量占比已达 57%。煤炭投资占比经历 3 轮升降，2015 年最高占比达到 29.8%，但 2016 年骤降至 4.8%。天然气和燃气投资的占比基本稳定在 15% 左右。

投资区域上，在欧洲、北美的投资比重较大，而撒哈拉以南的非洲、东亚的权益投资比重较小。这一方面是因为西方国家的企业拥有较多的能源资源、市场和技术，随着中国"走出去"的不断深化，在直接投资资源国遇到瓶颈或者在国际金融危机带来机遇后，中国能源企业必然在国际能源舞台上寻求优质、廉价或有特殊战略意义的企业或资产的并购，如中海油以151亿美元收购加拿大尼克森公司。随着能源行业国际化的不断深入，世界能源格局重大变动的主战场必将仍在俄罗斯以及西方发达国家，今后中国在这些区域的权益能源投资比重仍将不断增加。另一方面是因为中国在非洲、东亚等地有大量非权益投资的能源服务合同。

表23　　　　　　　　2005—2016年海外能源投资区域分布

区域	投资额（亿美元）	投资额比重（%）	项目数（个）	项目数比重（%）
北美（除美国外）	412.7	11.6	29	8.9
中东北非	255.3	7.2	15	4.6
澳大利亚	340.7	9.6	36	11.07
东亚	386.9	10.9	46	14.15
欧洲	489	13.8	46	14.15
南美	597.6	16.8	37	11.4
撒哈拉以南非洲	243.4	6.86	25	7.7
美国	153.8	4.3	25	7.7
西亚中亚（含俄罗斯）	668.3	18.8	66	20.3

资料来源：根据美国传统基金会《China Global Investment Tracker Jan 2018》、国家统计局、商务部数据整理。

投资主体上，由于海外能源投资需要大量的资金、政府政策的支持、较先进的技术和管理、承受风险的能力，因而中国国有企业特别是能源类中央企业构成了中国海外能源投资的绝对主力军，中国石油、中国石化、中海油、中化、兖矿集团、国家电网、三峡集团、五大发电集团、中广核、中核等是投资主力。跨界投资较多，金融机构如中国工商银行、中国投资公司等，保利、中电建、中能建、北方国际等参与了一些项目投资。浙江恒逸、中国华信、惠生、新疆金风、天合光能等一批民营企业参与了少量投资。

投资方式上，中国企业主要采取直接投资模式，以跨国并购或新建投资的方式拥有全部股权，或以参股、控股等形式进入国际能源舞台。中国海外能源投资逐渐形成了具有典型意义的委内瑞拉模式、苏丹模式、安哥拉模式和哈萨克斯坦模式。从海外能源投资历程来看，中国企业已经从早期的以绿地投资为主的模式转向了以兼并和收购为主的投资模式。在能源资源国收紧外资对能源行业的股权投资后，以许可证、分成合同为代表的技术、管理和工程承包服务等非权益投资模式逐渐成为海外能源投资的主流。

截至 2018 年年底，中国三大石油公司海外资产总额突破 1.9 万亿元，形成了中亚、美洲、非洲、中东、亚太五大油气生产基地，建成了中亚、中缅、中俄战略油气通道，海外原油生产能力超过 1.5 亿吨，天然气产量超过 400 亿立方米，海外油气权益产量突破 2 亿吨。煤炭类主要企业国家能源投资集团（前身为中国神华和中国电力投资集团）和兖矿集团的海外资产总额突破 1200 亿元，电力类主要企业国家电网、中国广核、中国华能、中国华电、大唐集团、中国电建和中国能建的海外资产总额突破 6500 亿元。经过 20 多年的海外能源投资发展，特别是中国提出"一带一路"倡议以来，中国海外能源投资取得了丰硕成果。

表 24　　　　　　中国能源企业 2018 年海外发展能力

排名	公司	海外资产（万元）	海外收入（万元）	海外员工（人）	跨国指数（%）
1	中国石油天然气集团	86059437	96936947	115428	24.28
2	中国石油化工集团	62952583	68573892	35505	21.42
3	中国化工集团	62109938	27803643	85957	70.43
4	中国海洋石油集团	45400703	29925593	4767	33.14
5	中国中化集团	33560636	43685309	8909	59.67
6	国家电网	28933057	10381163	15620	4.53
7	中国电建集团	11830001	8903112	94326	30.8
8	中国广核集团	10121928	1666593	3195	14.43
9	兖矿集团	7930184	4480095	3982	17.95
10	中国华能集团	5905651	1174398	1625	3.79
11	中国能建集团	5041436	3509382	6773	11.32
12	国家能源投资集团	4549674	363047	501	1.14
13	中国华电集团	2325091	300582	496	1.63
14	陕西延长石油集团	1632439	637434	258	2.52
15	云南省能源投资集团	1589603	212914	399	6.97
16	天合光能股份公司	1322681	1382247	2042	34.37
17	新疆金风科技公司	1185990	272928	223	9.94
18	中国大唐集团	1048450	296226	464	1.22
19	晶科能源控股	1028051	1661809	4373	44.37

资料来源：中国企业联合会《2018 中国跨国公司 100 大排行榜》。

2. 海外能源投资对国内能源安全保障的贡献

海外能源投资增加了中国能源资源供应数量，保障了国际能源资源向国内稳定、可靠、安全的运输，提高了中国在世界能源事务中的影响力，对能源安全保障的意义主要体现在三个方面：一是通过投资获得海外能源资源，增加中国控制的能源资源量；二是通过投资建设海外能源运输通道，保障中国进口的能源不中断；三是通过投资在国际能源体系中占据更多的话语权、发挥更大的影响力，间接保障国内能源安全。

（1）获取海外能源资源，保障国内能源供应

2018年中国国内生产原油产量1.9亿吨，天然气产量1600亿立方米，进口原油4.62亿吨，进口天然气9040万吨（约1亿吨石油当量），石油和天然气对外依存度不断走高，海外权益油气产量2.01亿吨，海外权益油气产量占进口油气量的36%，这是中国海外能源投资的直接目的和取得的最大成就，对保障中国能源安全发挥了重要作用。中国在非洲、中东、中亚—俄罗斯、美洲、亚太地区建成的油气生产基地，虽然很多权益油气因为经济原因没有被直接运回国内，但增加了中国直接控制的油气量，有效弥补了国内油气资源和产量不足的问题。由于中国海外权益油气产区遍布非洲、亚洲、美洲，一定程度上分散了地缘政

治风险。

（2）建成油气战略通道，提高油气运输安全

中国进口的石油和天然气主要来自于中东和中亚、俄罗斯、非洲、南美，能源通道漫长，马六甲海峡、博斯普鲁斯海峡、曼德海峡等要道是必经之路，能源运输安全问题突出。

为降低能源地缘政治风险，近年来，中国在海外投巨资在西北、西南、东北方向建成了四大陆上能源战略通道：穿越土库曼斯坦—乌兹别克斯坦—哈萨克斯坦—中国新疆霍尔果斯的中亚天然气管道 A/B/C、连接哈萨克斯坦北部产油区和中国新疆阿拉山口的中哈原油管道、连接缅甸皎漂湾和中国云南的中缅石油和天然气管道、连接俄罗斯远东管道到中国黑龙江的中俄原油管道。中哈原油管道、中缅原油管道、中俄原油管道每年的石油输送能力总和达 4700 万吨，中亚天然气管道和中缅天然气管道每年的天然气输送能力总和达 670 亿立方米，这些战略通道由中国出资建设、中国实际控制运营，一是降低了马六甲海峡对中国从非洲、中东进口油气的扼控；二是直接连接中国与土库曼斯坦、哈萨克斯坦、俄罗斯等油气资源丰富区域，减小了输送距离，降低了运输成本；三是扩大了中国能源进口渠道，如中亚天然气管道拓展了中国从哈萨克斯坦、乌兹别克斯坦、土库曼斯坦的能源开发和进口，以上三点对保障中国油气供应安全具有重要战略意义。

同时，一批战略能源通道仍处于建设中：正在建设中的中亚天然气管道 D 线起源于土库曼斯坦，穿越吉尔吉斯斯坦和塔吉克斯坦，进入中国新疆南部地区，建成后的输气能力将达 300 亿立方米；正在建设中的中俄东线天然气管道建成后的输气能力将达 380 亿立方米，正在谈判中的中俄西线天然气管道建成后的输气能力将达 300 亿立方米。中亚 D 线、中俄东线和西线天然气管道建成后，中国通过陆上天然气管道每年可以输送 1650 亿立方米天然气。

处于规划中的连接巴基斯坦瓜达尔港到中国的石油和天然气管道具有极其重要的战略意义，它可以使中国从非洲、中东进口油气的距离大幅缩短，有效避开穿越印度洋和马六甲海峡。

（3）深度参与国际能源治理，提高中国能源话语权

中国通过海外能源投资，不仅获得了有形的能源资源，而且通过投资不断影响国际能源格局，深度参与国际能源事务和全球能源治理，提高了中国在世界能源事务中的话语权和影响力，间接保障了中国的能源安全。

国际能源格局是国家间实力博弈的结果，如果中国没有大规模的海外能源投资，没有深度参与具有重要意义的能源项目，没有建成战略能源通道，没有形成庞大的海外能源资产和权益油气量，以中国庞大的经济体量和国际地位仅仅作为全世界最大的能源净进口国在全球能源博弈中显然是处于不利地位的。正是通过不断地参与影响深远的海外能源项目，中国与能源资源国、过境国建立了紧密而又广泛的经济联系。如中国油气公司在苏丹、乍德、安哥拉、委内瑞拉、土库曼斯坦、伊朗、俄罗斯等地的能源合作，使中国在当地能源等多方面事务中举足轻重，进而在世界能源事务中占有重要位置。"一带一路"倡议提出以来，中国电力企业加快海外能源投资步伐，在非洲、东南亚、南美等地投资的电力、电网项目对当地国计民生具有重要影响，国家电网提出的全球能源互联网概念，对东南亚电力行业具有深远意义。海外能源投资壮大了中国提升在能源国际组织和机构中的地位的底气。同时，通过海外能源投资，中国的能源公司逐步成长为具有全球竞争力的公司，培养出了大批具有国际视野的国际能源投资人才，这些都有利于中国以更加积极的姿态参与国际能源事务和能源治理，进而保障中国能源安全。

（四）促进能源投资的政策建议

1. 结论

第一，经济发展虽然放缓，但能源需求仍将保持旺盛，特别是相对清洁的天然气等能源资源。由能源需求和能源开发潜力及进口能源可获得性三者共同决定了中国能源资源开发需求。石油资源开发需求将稳定在 2 亿吨左右，未来很长一段时间内天然气资源开发需求增速可达到 10%，煤炭受制于环保，但由于对能源安全有重要意义，未来资源开发需求将在 20 亿吨/年—25 亿吨/年，电力资源开发需求与经济发展密切相关，未来增速将保持在 5% 左右。

　　第二，能源投资需求与能源资源开发需求密切相关，根据能源资源开发量和单位能源开发投入成本，可以估算出能源投资需求。从投资需求来源看，要满足能源资源开发需求，一方面需要投资于存量资产维持现有产出，另一方面需要投资新项目或扩大生产以满足增加产量的需求，二者共同构成了能源投资需求。根据历史数据得到单位能源产量和投资的关系，以及对未来能源资源开发量的估计，估算 2025 年和 2030 年的能源投资分别为：石油和天然气行业勘探开采投资 4500 亿元和 6000 亿元、管道运输投资 864 亿元、炼化投资 2500 亿元、销售终端投资 150 亿元，煤炭选采投资 2000 亿—2500 亿元，电网投资 4000 亿元，电源投资 3800 亿元和 4900 亿元。

　　第三，海外能源投资增加了中国能源资源供应数量，保障了国际能源资源向国内稳定、可靠、安全地运输，提高了中国在世界能源事务中的影响力，对能源安全保障的意义主要体现在三个方面：一是通过投资获得海外能源资源，增加中国控制的能源资源量；二是通过投资建设海外能源运输通道，保障中国进口的能源不中断；三是通过投资在国际能源体系中占据更多的话语权、发挥更大的影响力，间接保障国内能源安全。

2. 政策建议

（1）加强对国内能源资源的供给侧开发，保障能源供给

中国是能源消费大国，要保障国内能源安全，关键要立足国内，需要始终坚持不懈地开发国内能源资源，增加国内能源资源的保障能力。要加强对能源供需缺口很大的石油、天然气的勘探开发力度，做好煤炭清洁化开采和清洁化利用，使煤炭焕发新颜。要加强对清洁、可持续能源资源的科学开发，不断提高清洁、可再生能源所占比重。

（2）做好能源投资，优化能源结构

能源是一国发展的基础，投资是能源发展的基石，在持续做好能源投资工作的同时，要发挥好投资对能源结构调整的作用。要综合运用政策、金融、财税等措施，与市场手段相结合，鼓励、引导更多投资进入

能源行业，通过投资引领能源结构调整，加强对能源新技术的研发投资、对能源清洁化生产和利用的投资、对发展潜力巨大的能源品种的投资，注意新能源产业投资和传统能源投资的关系，持续优化中国能源结构。

（3）加强对海外能源资源的开发和战略能源通道的建设

一是国家要做好对海外能源投资的引导和战略支持。海外能源投资是形成海外能源资产、保障国家能源安全的决定性措施，海外能源投资从来就不是单纯的商业投资，其具有的战略意义要求企业海外能源投资必须有强大政府的战略引导和支持。纵观世界能源发展，海外能源投资的背后都有坚强的国家后盾。国家必须根据国民经济发展的需要、世界形势的发展变化制定清晰的海外投资战略和规划，优化能源分行业结构和区域结构，引导企业有序开展海外能源投资，建立国内企业海外能源投资协调机制，避免国内企业在国际能源市场上恶性竞争，在国内形成海外能源投资的国家意志。二是金融领域要战略支持海外能源投资。海外能源投资的一大特点是投资金额大、回收周期长、风险大、竞争激烈，能源和金融的联系极其紧密，世界各主要能源巨头的背后都有强大的金融身影，中国企业开展海外能源投资必须得到金融业的紧密配合和支持。三是投资企业要提高海外能源投资和经营水平。投资主体既要有积极获取能源资源、占据国际市场的责任感和进取心，也要有综合衡量投资风险和收益的审慎能力，避免盲目投资，不冒进、不退缩，在国家能源利益和企业投资盈利间找到平衡点。

五 能源技术发展对能源 安全的影响

（一） 能源技术进步对能源安全的影响

传统观点认为，能源安全是指防止能源供应中断的能力。近年来，环境、气候变化等问题日渐凸显，以供应安全为目标的传统能源安全观正逐步向以低碳、清洁、可持续为目标的新的能源安全观转变。这种转变的背后是决定能源安全的因素正在发生变化，从而对未来世界能源体系产生深刻的影响。能源技术正在成为影响世界能源版图、保障能源安全的重要手段。

1. 能源技术发展对能源安全的意义

从技术维度来看，氢能、储能、智能电网等关键领域技术不断取得突破，传统化石能源体系受到了挑战。全球每年新增能源中，可再生能源已经成为主角。2017 年可再生能源发电已经占到了全球发电量净增加值的 70%，是可再生能源发电增长最大的一年。从当前全球能源转型趋势来看，随着风能、太阳能、氢能等非化石能源快速增长，能源转型进程可能会超过预期，以风、光等新能源为基础的新的能源体系将会形成。

新的能源体系将改变世界能源格局。从传统视角来看，新的能源体系对以地理分布为特点的化石能源依赖程度将降低，风、光、核、氢等新能源在新的能源体系中占据重要地位。由于分布广的特点，新的能源体系将极大冲击甚至改变传统世界能源格局。世界各国能源安全形势则不仅仅取决于（甚至不取决于）其对油气资源的控制能力，而取决于其对新能源利用的技术开发能力。例如，依靠风电和光伏发电等新能源利用技术，德国可再生能源发电占全社会用电量的比重迅速增加到 30% 左右，风电、光伏发电、生物质发电、垃圾发电等合计发电比重达到 60% 以上，在较短时间内扭转了长期依赖油气进口的局面，使得德国面临的能源安全形势发生了根本性改变，在国际能源谈判中更加游刃有余。又如，美国页岩气技术革命虽然不会改变传统化石能源体系，但是美国因此短时间内由能源进口国成为能源出口国，改变了能源安全形势，直接推动了美国能源战略调整。

当前正处在新的能源技术不断涌现的高潮期。在应对气候变化形势下，很多国家在以各自优势技术开发低碳能源以摆脱高碳化石能源。这一过程虽有反复，但向低碳能源体系转型趋势不可逆转。世界能源格局将在能源转型过程中发生根本性改变：掌握化石能源不再是决定世界能源格局的重要因素，而是掌握技术决定了世界能源格局。

技术维度下能源安全不仅强调能源量的供给，更加强调对能源技术的控制。基于传统能源安全而制定的能源战略应该随之调整。

（1）掌握核心新能源技术能够降低能源对外依存度

传统化石能源体系下，由于资源地理分布特征，掌握化石能源开采利用技术并不是保证能源安全的必要条件。发达国家之所以能够以先进技术水平在全球范围内布局能源格局，离不开强大的政治、军事、经济能力，以及地缘政治等因素。新的能源体系对化石能源依赖程度降低，而大多数国家具有丰富的适合开发的风能、太阳能等可再生能源资源，掌握新能源开发利用技术，在一定程度上能够跳出基于化石能源体系构建的世界能源格局，从而降低能源对外依存度。不少化石能源资源禀赋较差的国家也在积极通过控制能源技术应对本国能源安全。以色列自然资源严重匮乏，大部分的能源需求都来自于进口。该国政府一直鼓励科技创新，发展替代能源，降低了对石油的依赖，缓解了该国的能源安全压力。其中包括发展煤制甲醇、植物制生物燃料替代石油，积极发展电动汽车智能基础设备替代燃油车等措施。再如，富煤少油的南非，依靠煤制油技术克服了国际社会长期的石油禁运带来的困难，一定程度上保障能源供应的安全。目前南非掌握世界最先进的煤制油技术。

（2）控制新能源技术能够在新的世界能源格局中占据重要地位

20世纪70年代石油危机以后，以OPEC组织和IEA为代表的石油生产国组织和石油消费国组织之间经历了多次博弈形成了世界能源格局的基本框架。随着俄罗斯在国际能源政治格局中的话语权大幅提升，成为世界能源格局中不可忽视的重要一极。虽然全球能源需求增长的重心逐步向发展中经济体尤其是亚洲地区转移，但是因为缺乏控制油气资源和影响市场的有效手段，导致其在国际能源市场中缺少话语权。目前世界能源市场仍然是以美国为代表的发达国家和主要油气生产国占据绝对主导。长期以来，中国通过外交、对外投资、金融市场等多种方式力图在既有的能源格局中争取话语权，但是并没有达到预期效果。从当前全球能源转型趋势判断，太阳能、风能、生物质能等新能源的开发成本逐步下降，对化石能源的替代作用日益增强，甚至在一些国家已经成为新增能源的主力。与此同时，氢能、储能、核聚变能、可燃冰等前沿新能源技术在发展中国家也取得重要进展。世界能源体系将会从大规模集中生产、远距离运输的化石能源体系转向小规模分布式、就近利用优先的新的能源体系。这一改变将会对传统世界能源格局带来冲击，并将以能源技术能力为核心，以新能源产业链全球布局为战略，最终在世界范围内形成多极化的能源新格局。

（3）能源技术推动能源体系变革重塑工业体系

能源系统变革将比 IT 革命更为重大深远，是 21 世纪最大规模的经济、社会和环境革命。能源系统本身是工业体系的一部分。如果从能源系统变革与工业转型两者的内在逻辑来看，能源安全也是经济安全。很早就有学者将工业系统与能源系统相结合，从能源层面来解释工业转型或工业革命。例如，有学者认为从能源维度看，工业革命本质上是"能源革命"或"能源转型"，能源转型是工业革命的核心和原动力。（因技术突破引致的）以煤炭为代表的化石能源系统取代了薪柴使得当时英国工业重新获得了竞争优势。英国的能源转型是工业革命的核心要素，以及工业革命得以发生的原动力。在新的工业体系形成初期，工业系统变革将对能源系统提出新的要求（例如，第一次工业革命时期，能源系统需要提供更加有效率的能源来适应工业系统转型；当前能源系统需要提供更加清洁的能源来适应工业绿色低碳转型）；当新的工业体系逐渐进入成熟期，能源系统则在供给总量、供给结构等各方面支撑了整个工业体系的运行，在新的工业体系逐步被替代的过渡期，能源系统重新开始自我调整或者变革来适应未来工业体系；当能源系统出现根本性的变革时（比如以可再生能源为代表的清洁能源系统取代化石能源系统），工业体系与能源系统关系发生了变化，能源系统成为未来工业转型的方向标，契合全新的能源系统特点的工业业态将会出现，组成未来工业体系，推动整个工业进入新的阶段。因此从工业体系与能源变革的内在逻辑来看，控制了未来前沿的能源技术，就有能力建立相对独立的本国的能源系统，进而在带动本国工业体系全面转型升级过程中获得强大的产业竞争力。

2. 能源技术发展趋势及中国的现状

回顾人类能源应用的历史，对能源技术的应用从薪柴时代过渡到煤炭时代，并逐步走入油气时代，时至今日，风、光等新能源得到极大发展。能源系统自19世纪末以来变得更加综合和复杂，从供应到需求，形成了多个交错复合的链条，诸如煤炭、石油、天然气，以及可再生资源等，通过加工转换、发电等过程，最终被消费，为人类提供电力、热力等服务。在当今的能源系统中，对煤、油、气等传统能源的应用，仍是当前时期内能源技术发展的主要部分，相对较为成熟；新能源技术发展突飞猛进，技术水平快速提升；另外，一些新的技术正在出现和萌芽。这些都将对能源安全的状况带来缓慢改变或是变革性影响。

从能源技术发展的动力来看，一方面，是化石能源的可耗竭性，迫使人们不断提高能源开发利用效率，并不断寻找新的替代性能源；另一方面，化石能源对生态环境带来破坏性影响，也促使人们去探索新的清洁、低碳的能源利用技术。从对能源安全的影响来看，这种技术发展趋势为能源供应提供了更为多元化的选择，也使能源利用更加清洁低碳。

（1）能源勘探开发和加工转换技术

化石能源勘探开发技术以及海洋油气开发技术的发展使得可开采的油气资源量大幅增加。在化石能源加工转换环节，高效燃煤发电技术的进展使得发电煤耗大大降低，很大程度削减了一次能源消耗量。

①非常规油气勘探开发技术

进入 21 世纪，以美国非常规油气、加拿大油砂、委内瑞拉重油为代表，非常规油气勘探开发技术取得一系列突破性进展。有赖于勘探开发技术的发展，中国也进入了常规与非常规油气并重的时代，非常规油气正逐步成为油气生产的重要组成部分，为能源安全提供重要保障。

在工程技术的发展上，国外占据优势地位，中国近年来技术进步也较快。例如：微地震监测技术20世纪40年代由美国矿业局提出，目前国外已经具备了微地震监测专有技术、软件、设备等一体化的服务能力，中国微地震监测技术起步晚，发展迅速，已初步具备微地震采集设计、处理解释、油藏建模等一体化服务功能，在四川盆地南部页岩气勘探开发实践中取得了一定应用效果。水平井钻井早在1863年由瑞士工程师提出，20世纪80年代国外水平井钻井技术快速发展、逐步完善并开始大规模应用，随着页岩气、致密油等非常规油气资源的大规模勘探开发，水平井钻井数指数增长。近年来，水平井的轨迹设计技术、随钻测量、随钻测井、旋转导向钻井系统、钻井液等技术发展，催生了多种水平井新技术出现，并逐步成为非常规油气资源勘探开发的重要技术手段。

技术的进步将使非常规油气成为油气资源的重要接替，特别是对中国来说是具有重大意义的。据估计，全球常规与非常规油气资源比例约为2∶8，[①] 非常规油气资源量非常可观。中国在页岩气开发中，资源评价和核心区优选、水平井压裂等技术创新取得进展；煤

---

① 邹才能：《中国非常规油气勘探开发与理论技术进展》，《地质学报》2015年第6期。

层气开发初步形成了适合不同类型煤层气的勘探开发
配套技术；致密气勘探开发随着大型压裂改造技术取
得进步，规模化应用实现突破。[1] 技术进步带来产量上
升，2017年，中国页岩气处于快速推进阶段，初步建
成四个主要页岩气田，年产量91亿立方米；煤层气处
于稳步发展阶段，初步形成沁水和鄂尔多斯两个生产
基地，年产量49.5亿立方米；致密气处于规模开发阶
段，形成鄂尔多斯和四川两大气区，年产量340亿立
方米。2017年中国累计探明的油气储量中，非常规油
气占41%；当年中国非常规油气产量约4500万吨油当
量，成为油气增长主体；预计2030年中国非常规油气
产量将超过1.3亿吨油当量。[2]

②海洋油气勘探开发技术

海洋油气资源潜力十分巨大，深水也是世界油气
的重要接替区。据国际能源署（IEA）统计，2017年
全球海洋油气技术可采储量分别为10970亿桶和311
万亿立方米，分别占全球油气技术可采总量的32.8%
和57.1%。从探明程度上看，海洋石油和天然气的储
量探明率为23.7%和30.6%，处于勘探早期阶段。其
中，深水（400—2000米）和超深水（>2000米）的

---

① 中投顾问：《2017—2021年中国非常规油气行业深度调研与发
展战略咨询报告》，2016年。

② http：//dy.163.com/v2/article/detail/DUNQM28Q0521MH8S.html.

石油探明率分别为 13.8% 和 7.7%，天然气分别为 27.9% 和 7.6%。深水和超深水的石油累计产量仅占其技术可采储量的 12% 和 2%，天然气累计产量仅占 5% 和 0.4%。未来深水油气勘探开发前景十分广阔。

中国海洋油气资源丰富，近海海域分布有渤海、北部湾、珠江口、莺琼、南黄海、东海 6 个大型油气盆地，南海深水海域也埋藏着丰富的油气资源。中国的海洋油气资源量约占世界的 25%—30%。[①]

海洋油气的勘探开发环境复杂。随着水深增加，开发难度也逐渐加大，许多陆地勘探技术和方法受到限制。海洋油气特别是深水油气开发对技术要求很高，如海上钻勘探井和开发井须采用专门的钻井平台，海上采油与集输也要采用高技术性能的采油、集输工艺与装备。深水技术油气勘探开发技术目前也正向着自动化、海底化、多功能化、革新性发展。例如，钻井自动化设备可以使深水钻井的效率和安全性大幅提升；海底钻机、海底工厂等技术将实现全海底生产模式。这些技术一般都是率先由一些国际大石油公司开发应用，通过技术创新颠覆了传统的勘探开发方式，降低了海洋油气勘探开采风险，提升了油气产量。

③高效燃煤发电技术

中国是煤电大国，2017 年煤电装机量为 10.2 亿千

---

① 刘慧、高新伟：《国家能源安全视角下的海洋油气资源开发战略研究》，《理论探讨》2015 年第 6 期。

瓦，占装机总量58%。多年来，中国燃煤发电技术的进步使得发电煤耗不断下降。2017年，全国火电机组供电标准煤耗309克/千瓦时，相比2010年的335克/千瓦时降低了26克/千瓦时。2017年，全国煤电发电量38803亿千瓦时，意味着与2010年的效率水平相比，由于效率提升，2017年煤电发电的供电环节就节约超过1亿吨标准煤。

中国的高效燃煤发电技术在世界也是领先的。以上海外高桥三厂为例，两台100万千瓦机组超超临界机组，于2008年6月建成投产，2013年，两台机组在负荷率78%的情况下，含脱硫和脱硝的实际运行供电煤耗达到276.82克/千瓦时，远远低于原世界纪录保持者丹麦NORDJYLLAND电厂的煤耗水平。外高桥三厂效率不断提升源于在技术上进行的创新，包括烟气余热利用技术、广义回热系列技术、改进型给水回热技术、改进型锅炉启动技术、固体颗粒侵蚀防治系列技术都引领了行业技术变革，也在一些新建电厂中得以推广应用。以外高桥三厂为代表的一系列技术创新如能在新建电厂或电厂改造中得以应用，中国整体的发电煤耗还将会有持续的降低，有效减少同等电力产出的能源消耗，促进中国能源安全水平提升。

（2）核电、风、光等清洁能源利用技术

清洁能源技术的发展可以大幅减少能源生产过程

污染排放，提高能源系统的清洁性，对减少环境影响、应对气候变化有明显贡献。中国核电技术发展日趋成熟，已达到世界先进水平。风能、太阳能、生物质能、地热能、海洋能等可再生能源利用技术近年来快速发展，其中又以风、光利用技术最具代表性，技术和应用相互促进，向着更高效率、更低成本的方向发展。

①核电技术

核电具有资源消耗少、环境影响小和供应能力强等优点，是现阶段实现低碳发展的重要优质能源。从环境影响来看，一座百万千瓦核电厂和燃煤电厂相比，每年可以减少二氧化碳排放 600 多万吨。从资源量来看，世界范围铀资源足够满足核电发展需求，根据国际机构世界核能协会（NEA）和国际原子能机构（IAEA）共同发布的《铀矿资源：产量和需求》（Uranium Resources：Production and Demand）报告，世界铀矿资源充足，不管核能在电力需求中的未来地位如何，都完全能够满足可以预见的未来需要。

核电技术经过了几代发展。总的来说，第一代核电站为原型堆，目的在于验证核电设计技术和商业开发前景。第二代核电站为技术成熟的商业堆，目前在运的核电站绝大部分属于第二代核电站。第三代核电站为符合 URD 或 EUR 要求的核电站，其安全性和经济性均较第二代有所提高，属于未来发展的主要方向之一。第四代核电站强化了防止核扩散等方面的要求，目前处在原型堆技术研发阶段。

一代核电：核电站开发始于 20 世纪 50 年代，1954 年，苏联建成电功率为五千千瓦的实验性核电站，1957 年，美国建成电功率为九万千瓦的希平港原型核电站。国际上把上述实验性和原型核电机组称为第一代核电机组。

二代核电：20 世纪 60 年代后期，在试验性和原型核电机组基础上，陆续建成电功率在 30 万千瓦以上的压水堆、沸水堆、重水堆等核电机组，核能发电技术可行性和经济性提升，可与火电、水电相竞争。到 70 年代，石油危机促进核电进一步发展，目前世界上商业运行的大部分核电机组是在这一时期建成的。这一时期的核电被视为二代核电，如美国西屋公司的 Model 系列、System80 以及一大批沸水堆（BWR）均可划入第二代核电站范畴。在三里岛、切尔诺贝利等核电站事故发生之后，各国对核电站进行了不同程度的改进。

三代核电：20 世纪 90 年代，为解决三里岛和切尔诺贝利核电站严重事故的负面影响，世界核电界集中力量对严重事故的预防和后果缓解进行了研究和攻关，美国和欧洲先后出台"先进轻水堆用户要求"和"欧洲用户对轻水堆核电站的要求"，进一步明确了防范与缓解严重事故、提高安全可靠性和改善人因工程等方面的要求。国际上把满足这两份文件之一的核电机组称为第三代核电机组。国际上目前比较成熟的第三代核电压水堆有"AP1000"、EPR 和"System80 +"三个型号。

四代核电：2000 年，在美国能源部的倡议下，美国、英国、瑞士、南非、日本、法国、加拿大、巴西、韩国和阿根廷这十个国家联合组成"第四代国际核能论坛"，共同合作研究开发第四代核能系统。第四代核能利用系统指快中子反应堆技术，不仅提高能量的产生，而且还充分利用了铀 – 238 这一核废料，核废料导致的环境污染问题将得到解决。预计四代核电的商用化要到 2030 年左右才能实现。

截至 2017 年年底，中国在运核电机组 37 台，总装机容量 3580 万千瓦，位列世界第四；在建核电机组 20 台，装机容量 2287 万千瓦。中国核电技术实现了二代向三代的跨越。在运的 37 台核电机组在技术层面都属于"二代"或"二代 +"；在建的 20 台机组中，10 台属于"第三代"技术，包括 4 台华龙一号、4 台 AP1000 以及 2 台 EPR 机组。目前中国核电大多属于第二代核电，今后新建机组将全部采用第三代技术，核电技术将实现由二代向三代的跨越。

在技术上，中国经过多年发展，已形成先进三代核电设计、建设、装备制造、运行维护全产业链自主能力，现有核电堆型的设计、建设、制造技术都已经掌握。形成了以华龙一号、CAP1400 为代表的自主三代核电技术。未来核电技术发展的关键在于基础研究和研发全新堆型的能力。预计三代核电将在"十三五"后期进入批量化建设阶段，每年将开工 6—8 台三代核电机组的建设。

核电发展可以替代传统化石能源发电，使能源系统清洁化，作为问题的另一面，核电发展会带来种种对事故安全的担忧。目前，核电技术安全是有保障的，但受福岛事故以及民众心理担忧等因素的影响，中国核电建设滞后于预期进度，未来在能源系统中的角色也存在着一定的不确定因素。

②风电技术

风电、太阳能等技术的发展提升着人类对自然界能源利用的水平。就风电而言，技术发展趋势主要表现为单机容量提升、捕风能力提高、风能转换效率提高、环境适应性增强、海上风电技术发展等方面。

中国的风电装机在近十年来迅猛增长。根据全球风能理事会统计，2017 年，中国风电新增装机容量达19.5GW，累计装机容量达 188.2GW，占全球风电总装机量的 35%。中国风电机组整机制造技术基本与国际同步，风电设备产业链已经形成，兆瓦级以上风电机组配套的叶片、齿轮箱、发电机、电控系统等已经实现国产化和产业化。目前，国外主要的整机制造商已经完成4—7MW级风电机组的产业化，8—10MW级的风电机组样机已挂机，欧美整机设计公司均进入到10MW级整机设计阶段。中国1.5—4MW风电机组已形成充足的供应能力，部分机组制造商的5—6MW风电机组样机也已下线。在风机单机容量增加和低风速风电开发需求下，叶片大型化趋势明显，荷兰艾尔姆风能叶片公司（LM）开发用于8兆瓦风机的88.4米长的叶片，风轮直径180米。2017年西门子歌美飒在泰国安装了亚洲最高风机，33台风机的塔筒高度均为153米，采用了超柔性塔筒技术。

海上风电发展是新的趋势，2017年海上风电新增装机主要在欧洲和中国。海上风电技术的趋势主要表现为单机容量不断增加，设备运输和安装趋向一体化，浮式安装将在2020—2025年实现商业化和规模化应用。漂浮式海上风电可以极大扩展风电应用范围和潜在规模，但技术难度高。漂浮式海上风电自2009年开始提出，2017年技术和应用进展迅速，超出几年前对其发展速度的预期。2017年全球共有26个项目288万千瓦漂浮式海上风电项目处于规划准备和施工阶段。2017年10月，挪威国家石油公司宣布，位于英国苏格兰东北海岸的全球首座漂浮式海上风电场已正式投运。中国海上风能资源丰富，据估计，近海风能可供开发资源达到 5 亿千瓦，且海上风场距离负荷中心较近，消纳条件好。伴随海上风电技术的发展，中国风电开发呈现向海上转移的趋势。

在风电技术领域，中国面临的主要不足在于基础研究和共性技术研究方面，中国风电机组设计软件及载荷评估所用的软件绝大部分为欧洲公司产品，未充分考虑到中国风能资源、自然环境和电网接纳方式的特殊性。国外风电行业在跨行业的技术整合与成果转化方面非常活跃，一直以来引领主流技术的发展路线，与之相比，中国在基本理论、基础工艺和材料应用等方面仍有一定差距。

③太阳能利用技术

太阳能利用技术主要包括光伏发电、光热发电、太阳能热利用等，其中光伏技术近年来发展迅速，为可再生能源更高比例应用带来了潜力和可能。2017 年全球光伏累计装机容量约为 404GW，是 2010 年的 10 倍，其中，中国光伏累计装机容量接近全球的三分之一。特别是在 2016—2017 年，中国光伏装机大幅增长，这与技术进步有密切关系。

光伏发电技术的关键元件是太阳能光伏电池。光伏电池的发展大致可分为三代。第一代是硅系太阳能电池；第二代是薄膜太阳能电池；第三代太阳能电池包括高倍聚光电池、有机太阳能电池、柔性太阳能电池、染料敏化纳米太阳能电池等新技术。目前，主流的是第一代硅系太阳能电池，薄膜电池的市场份额正在逐步扩大，第三代电池除了高倍聚光电池外，大部分还处于实验室研发阶段。晶体硅光伏电池技术成熟，电池效率不断提升，2017年6月日本钟化（Kaneka）公司研制的单晶硅HJT电池效率达到26.3%，较之前的纪录提升了0.7个百分点，距离晶体硅29%左右的理论极值效率更接近一步。在高效电池规模生产方面，美国Sunpower公司的IBC电池和日本松下公司的HJT电池效率均在22%以上。

中国的太阳能光伏发电技术发展迅猛，已形成包括多晶硅原材料、硅锭/硅片、太阳电池/组件和光伏系统应用、专用设备制造等比较完善的光伏产业链，商业化单晶硅电池效率达到20%以上，多晶硅电池效率超过了18%，在成本方面也具有优势。光伏系统集成技术不断优化，高容配比、跟踪、双面、"光伏+"等技术层出不穷，应用方面也更趋多样化，除了大型地面光伏电站、建筑结合光伏系统和小型移动电池等主要领域，水面、公路铁路沿线、交通工具上的应用以及与农渔牧结合等各种"光伏+"应用不断扩大。但中国硅基薄膜电池在新材料、关键设备和工艺水平等方面，与国外还有很大差距。

光热发电是新型技术，技术较复杂、风险比较高，还没有进入到成熟阶段。截至 2017 年年底，全球光热发电装机 513.3 万千瓦。中国也有一些典型应用，如中控德令哈 1 万千瓦塔式光热电站、首航节能敦煌 1 万千瓦塔式光热电站以及中广核新能源德令哈 5 万千瓦槽式光热项目等。光热发电技术更大程度应用仍亟须在技术、成本等方面取得突破。

（3）能源利用领域技术发展

能源利用的技术进步带来能源效率的不断提升，并仍具有提升空间，这对能源安全的贡献是不可忽视的。《BP 技术展望（2018 年）》中提到对 35 种技术的全球使用情况的考查，研究结论认为，拥有巨大节能潜力的领域包括汽车、供暖、烹饪、洗涤和电厂等，如果在最大程度上实现节能，则煤炭、石油、天然气和生物质能的需求将分别降低 31%、47%、40% 和 40%。这也可以证明，能源利用效率提升仍有巨大空间，节能是最重要的能源。

从能源消费的角度，工业、交通、建筑（主要是生活和服务业）是能源消费的三大领域。第一，在工业领域能源利用技术进步使高耗能行业的单位产品能耗不断下降，中国一些高耗能产品单耗已经接近或好于国际先进水平，[①] 但还有很多产品单耗与国际先进水

---

① 国际先进水平指世界领先水平国家的平均值。

平存在差距。例如，中国 2017 年铜冶炼综合能耗为 321kgce/t，好于国际先进水平 360kgce/t。尽管中国能效水平提高较快，但多极产品还是距国际先进水平存在差距。如中国吨钢可比能耗从 2010 年的 784kgce/t 进步到 2017 年的 634kgce/t，距国际先进水平 576kgce/t 还有差距；中国电解铝交流电耗从 2010 年的 15418kWh/t 进步到 2017 年的 13577kWh/t，距国际先进水平 12900kWh/t 还有差距；中国水泥综合能耗从 2010 年的 172kgce/t 进步到 2017 年的 135kgce/t，距国际先进水平 97kgce/t 还有差距；类似的，如平板玻璃、乙烯、合成氨、烧碱等产品能耗上，中国水平都与国际先进水平存在差距。未来工业仍然是中国经济发展的主要驱动力，城镇化持续推进将为工业发展创造长期需求，中国处在工业化尚未完成且亟须深化的阶段，工业节能仍有很大空间。产品的结构调整是工业领域节能的一大动力，技术进步也依然会为能源节约带来很大贡献。

第二，在交通运输领域，单项技术的效率在改进，汽车等交通工具的能源利用效率在提高，电动车的效率也在持续提升；电动车的发展也和能源系统产生新的耦合，结合其他需求响应资源，帮助电网提供平滑负荷曲线、改善电网运行和效率。例如，在汽车燃油经济性的提升方面，混合动力技术、先进内燃机技术、无级变速器、汽车轻量化材料等都可以在技术上很好地提高燃油经济性。电动车技术的发展除了使电动车的效率提高外，还能更好地与电网、可再生能源协同发展，鼓励电动汽车在弃风、弃光量高的时间充电，可以减少可再生能源弃电，并有可能减少发电和配电领域的投资，提升整个能源系统的效率。

第三，在建筑领域，建筑节能技术的进步以及用能设备效率的提升也将带来很大的节能效果。中国处在城镇化的发展中，建筑用能呈现增长态势。通过使用对围护结构、能源系统性能提升的技术，改造既有建筑，可以使建筑的节能水平提升。新建建筑采用被动式技术手段建成超低能耗建筑、近零能耗建筑也是未来建筑的趋势。例如，2014 年，日本建筑商巨头大成建设在横滨市技术中心建设了"ZEB（零能耗）实证楼"（总建筑面积 1277 平方米，地上三层），楼的"发电建筑物外墙单元"采用有机薄膜太阳能电池，该楼通过高效组合运用现有技术，年均能耗可比普通办公楼削减 75%，并通过有机薄膜太阳能电池的"发电建筑物外墙单元"提供能源，实现消耗能源与生成能源的收支抵消为零。2016 年 4 月，德国召开的第 20 届国际被动房大会上，德国出现了第一个用发泡水泥作保温材料的被动房示范样板，瑞典斯堪斯卡公司研制和建造出高能效比的地源热泵。这类技术的应用和推广会使得建筑节能走向一个新的阶段。此外，一些用电设备的效率也在不断改进，中国作为制造大国，在高效照明、家用电器等方面已基本和发达国家同步。

（二）新技术对能源系统带来变革性影响

以信息化、智能化为代表的新技术革命可能会给未来的能源系统带来变革性影响，加之能源领域的储能技术、分布式利用等技术逐步发展成熟，可促使可再生能源高比例应用成为可能。氢能技术在新一轮的发展中被一些国家视为重要战略方向，如果围绕氢能产业链技术进一步成熟、成本进一步降低，氢能也有可能成为能源转型的路径之一。这类能源系统的颠覆性改变会让能源安全的重点也随之改变。

1. 信息化、智能化技术对能源领域的影响

根据《BP 技术展望（2018 年）》的估计，随着数字工具（包括传感器、超级计算、数据分析、自动化、人工智能等）依托"云"网络而得到应用，到 2050 年能源系统内各分支的一次能源需求和成本将降低 20%—30%。信息化、智能化技术渗透到能源开发利用的各个领域，工业、建筑、交通、生活中的能源智

慧化应用，智能电网、能源互联网、分布式能源等，都与信息化、智能化发展紧密相关。在工业领域，企业建立能源管理、计量的数字化系统可以帮助自身更好地进行流程管理，实现提效降耗的目标。在电力生产中的应用，可以提高电厂的智能化程度，提升电厂效率。智能电网的发展能够促进可再生能源就地消纳并实现终端能效提升。

（1）智慧电厂

智慧电厂的本质是信息化与智能化技术在发电领域的高度发展与深度融合，主要特征是泛在感知、自适应、智能融合与互动化。通过信息化、网络化技术实现全厂范围各控制系统、控制设备等互联互通；通过虚拟化技术实现电厂的三维虚拟可视化；综合运用大数据、智能优化控制、智能决策支持等智能化技术手段，最终实现电厂全生命周期内的企业资产最优分配、生产质量最优控制、经济效益与社会效益的最优实现。智慧电厂整体处于起步阶段。中国当前已有一些智慧电厂项目建成，智慧电厂的技术体系方面研究进展也较快。主要应用在常规燃煤火电厂，以及水电、燃气电厂、新能源电站等领域。智慧电厂的主要技术发展方向包括三维空间定位与可视化智能巡检、炉内智能检测与燃烧优化控制、数字化煤场与燃料信息智能互动、信息挖掘与远程专家诊断预警、网源协调结合与电力市场辅助决策、沉浸式仿真培训与 AR 辅助检修维护等。例如，大唐泰州热电被称为"国内首家智慧电厂"，其智慧系统主要由五大基本模块组成，包括基于三维可视化的运营及培训系统、基于"互联网＋"的生产管理系统、基于专家的故障诊断系统、基于大数据的分析优化系统、基于数字化的决策系统。

（2）能源互联网

能源互联网的发展离不开大数据、云计算、人工智能等先进信息技术、智能技术支持。例如，智能感知技术是通过智能传感器来获取输配电网、电气化交通网、信息通信网等运行状态数据，再经过处理和分析提供控制策略；云计算技术是通过云计算的互联互通能力支持发电商、网络运营商、用户、批发或零售型售电公司等多种市场主体灵活交易。智能电网与能源融合模式也将呈现出三种不同的形态：以智能电网广域互联为载体，实现可再生能源集中式消纳与跨区域能源资源配置；以区域与用户级综合能源系统为载体，实现可再生能源就地消纳与终端能效提升；以智能装备与泛在能源网络为载体，构建零边际成本能源网络，实现能源生产和消费的新业态、新模式。中国 2016 年印发了《关于推进"互联网＋"智慧能源发展的指导意见》，根据清华大学能源互联网研究院和国家能源互联网产业及技术创新联盟编制的《国家能源互联网发展白皮书》，截至 2018 年 12 月，中国能源互联网行业相关注册企业从 2014 年年底的 3667 家增长到 24651 家，在技术层面，储能、多能源集成、电力大数据、电力市场与交易平台等相关技术均已有明显进步。

当然，由于技术发展的两面性，数字化、信息化、智能化技术可以带来新的变革，也会产生新的问题。例如，由于信息通信行业的大发展，数据中心和信息传输的能耗、电耗不断增长，未来将可能成为新的高耗能、高耗电行业；而在电力互联中也会伴随着出现新的安全威胁，网络攻击可能导致大面积停电事故发生，影响生产和生活。新类型的安全问题也需要在技术发展过程中给予更多关注。

2. 可再生能源大规模应用相关技术

太阳能、风能等可再生资源具有间歇性，如果使用风能和太阳能进行发电，必须具备可靠的后备支持，储能技术、分布式能源利用技术、智能电网等技术的发展，都有助于实现可再生能源的大规模应用。

（1）储能技术

目前主要的储能技术可根据原理划分为不同类型：第一，物理储能，包括抽水蓄能、压缩空气储能、飞轮储能、超导储能等技术；第二，化学储能，包括一般的化学类储能如储氢，以及电化学储能，典型的如铅酸电池、锂电池、钠硫电池、液流电池等；第三，储热，热能被储存在隔热容器的媒介中，需要的时候转化回电能，也可直接利用而不再转化为电能。目前，不论全球还是中国，抽水蓄能都是应用最广泛的形式，装机占比达到95%以上；而电化学储能是近年发展最快的形式，增速明显快于其他技术。全球2017年电化学储能累计装机达到2.92GW，年装机增长率达到45%。

目前储能应用场景主要有：第一，集中式可再生能源并网，利用储能系统实现可再生能源发电移峰、平滑输出，增加上网电量。第二，辅助服务，在提高电网调频能力方面，可以减小因频繁切换而造成传统调频电源的损耗，在提升电网调峰能力方面，可以及时可靠地响应调度指令，并根据指令改变其出力水平。第三，电网侧，主要针对缓解输电阻塞、延缓输电网、配电网的升级以及变电站备用电源等，储能规模和放电时间需根据具体场景按需配置。第四，用户侧，能够为用户提供可靠的应急电源，改善电能质量，并利用峰谷电价的差价，为用户节省开支，包括工商业削峰填谷、需求侧响应、能源成本管理及电力服务可靠性等方面。

中国在物理和化学储能技术上取得了长足进步，

形成了自主知识产权。目前中国锂离子电池大部分材料实现了国产化，由追赶期开始向同步发展期过渡。在液流电池材料、部件、系统集成及工程应用关键技术方面取得重大突破。铅炭电池的作用机理研究、高性能炭材料开发、电池设计和制造技术等取得较大进步。但与美国、日本、德国等国相比，目前中国电化学储能在技术方面还存在差距。中国储能电池主要以铅电池、锂电池为主，而全球主流储能电池主要以钠硫电池为主，技术水平要高于国内。

储能技术的发展将与可再生能源发展相互促进。一方面，可再生能源存在的重要问题在于并网的不稳定性，通过储能系统还可以进行调节。另一方面，储能技术发展以及成本降低，也将推动分布式能源的发展，促进高比例可再生能源接入电网。

（2）分布式利用技术

由集中向分布式转变是能源系统转型的趋势之一。现有的大电源、大电网的能源系统是以煤炭等化石能源为核心，支撑大工业生产相应的大规模能源利用形式。伴随能源向多元化发展，可再生能源比重提高，传统的能源间的连接方式也随之逐步改变，新型能源系统向分布式方向发展。分布式能源系统通常布置在需求附近，直接面向用户，并且与用户的需求产生更密切的互动关系，是可满足多重目标的中、小型能量转换利用系统。

从能源供应侧看，分布式供能系统发展迅速，包括水电分布式、风电分布式、光伏分布式、天然气分布式、多能互补分布式等多种形式。其中的关键技术更新既包括能源生产转换技术的提升，也包括系统优化、智能控制技术的发展。例如，天然气分布式是在用户端实现冷热电三联供（CCHP），主要是利用燃气轮机或燃气内燃机燃烧洁净的天然气发电，对做功后的余热进一步回收，用来制冷、供热和生活热水。它将能源系统以小规模、模块化、分散式的方式布置在用户附近；可独立地输出冷、热、电三种形式的能源，天然气利用率高。原则上以自用为主，并网不上网，并网的目的是调峰和应急。又如微电网的应用，相对于外部大电网表现为单一的受控单元，并可同时满足用户对电能质量和供电安全等方面的要求。正常情况下微电网与常规配电网并网运行，称为联网模式；当检测到电网故障或电能质量不满足要求时，微电网将及时与电网断开而独立运行，称为孤岛模式。在微电网研究领域，最为关键的技术是微电网的运行控制，储能技术也是微电网应用中特别重要的一项技术。

考虑到对需求侧资源的控制和利用，虚拟电厂也是分布式利用的一种形式。一般认为，虚拟电厂是将分布式发电机组、可控负荷和分布式储能设施有机结合，通过配套的调控技术、通信技术实现对各类分布式能源进行整合调控的载体。是"互联网＋"智慧能源环境下，以用户为中心，以商业化市场为平台的源网荷聚合管理模式。例如目前江苏省的"源网荷智能电网"被称为是世界上最大规模的虚拟电厂，由南瑞集团承担建设，2018 年 5 月，三期扩建工程投入试运行。该项目可以对分散的海量可中断用电负荷进行精准实时控制，有效利用用户侧资源，该项目可以毫秒级控制总容量达到 260 万千瓦，控制对象超过 2000户。虚拟电厂关键设备包括分布式电源以及实现关键技术的装备，关键技术包括协调控制技术、智能计量技术、信息通信技术等方面。协调控制技术可使储能系统、可分配发电机组、可控负荷等合理配合，保证电能质量并提高发电经济性。智能计量技术可以自动测量和读取用户住宅内的电、气、热、水的消耗量或生产量，自动抄表（AMR），为虚拟电厂提供电源和需求侧的实时信息。信息通信技术不仅能够接收各个单元的当前状态信息，而且能够向控制目标发送控制信号，如虚拟专用网络、电力线路载波技术和无线技术，以及 Wi-Fi、蓝牙、ZigBee 等通信技术。

新型能源系统是与新型能源技术和能源利用模式相结合的。新型能源系统中可再生能源与化石能源可以综合梯级利用，实现集中式与分散式的结合，并能够与工业、建筑等用户侧资源相结合，提供多能互补、相互协同的能源生产和消费新形式。

3. 可能带来系统性变革的技术：氢能技术

人类对于氢能的研究已有几百年的历史，近年随着燃料电池的迅速发展和推广，氢能技术进入高速发展阶段。同时，能源系统向绿色、清洁化的方向发展，氢能可以做到零排放、无污染，因此被视为最具应用前景的清洁能源之一。日本、美国、欧盟等发达国家相继将发展氢能产业提升到国家能源战略高度，产业资本也在积极推动氢能产业发展。日本是氢能利用积极的推动者，日本政府提出未来要建设"氢能社会"。美国的氢燃料电池技术也是世界领先，自2015年年底美国还开启了新的氢能计划。氢能产业链主要包括氢的制取、储存、运输和应用等环节，目前受到关注的技术主要包括清洁制氢技术、氢储运技术、燃料电池技术等。

（1）制氢技术

工业副产氢和可再生能源制氢可实现生命周期的清洁制氢。电解水制氢是将可再生能源电力转换为氢的技术，制氢工艺过程比较简单，不产生污染，但分解水的能量消耗大。在工业领域，乙烷裂解、焦炉煤气和氯碱化工等都能够副产氢，也是值得重视的制氢来源。

（2）氢储运技术

储氢是大规模利用氢能的关键技术之一。氢可以以高压气态、液态、金属氢化物、有机氢化物和吸氢材料强化压缩等形式储存，储氢成本、储氢密度和安全性是储氢技术要考虑的几个重要方面。普通高压气态储氢是应用广泛的储氢方式，具有成本低、充放气速度快的特点。低温液态储氢、金属氢化物储氢等技术更复杂、成本较高。

（3）燃料电池技术

氢燃料电池作为发电设备已经在美国、德国、瑞典、法国、新加坡，阿联酋、印度、非洲等国家和地区应用。氢能燃料电池是一种很好的储能方式，是将氢气化学能直接转化为电能的装置，是氢能高效转化及利用的最佳方式，具有转换效率高、零污染、零排放等特点，氢能燃料电池转换效率是内燃机效率的3倍左右，科学家和汽车企业正在积极研发更先进的氢燃料电池技术。

氢能是未来可能引领行业技术变革的颠覆性技术。从长期来看，如果氢能技术链条中的成本能够具有竞争性、并能实现规模化利用，那么氢能未来有可能成为中国能源体系的重要组成部分。

（三） 以能源技术进步提升能源安全水平

当今社会发展，既要满足日益增长的能源需求，也要同时减少能源的环境影响和温室气体排放，解决的方法是尽可能高效地利用能源，减少能源消费，实现能源系统向低碳转型。能源相关技术的进步可以推动这一进程更好实现，掌握先进的能源技术和相关技术，是适应新形势、提升能源安全水平的有力保障。

能源及相关技术发展呈现几个特点：第一，能源技术水平更加先进，能够拓宽可利用能源的范围和场景，效率不断提升。诸如化石能源勘探开发技术的进步，使得很多原本无法开采的资源变得可开采、可利用；能源加工转换和利用效率的进步使得同样产出和服务所需的能源量大大减少。

第二，不同类型能源技术不断融合，能源利用协同程度增加。技术发展使得不同能源形式的转换成为可行。通过对能源的存储、转换，电能、热能、化学能等可以交互，电动车的发展将可提升电网对可再生能源的消纳能力，氢能也将有可能重新构建能源系统的转换形式。而能源技术的融合度加深、连接形式变化，也会赋予能源安全全新的内涵。

第三，信息化、智能化等相关技术的革命性进展将为能源技术发展带来深度影响。先进传感技术、信息通信技术、控制技术、物联网、云计算、大数据和人工智能等为基础的信息化、智能化技术渗透在各个产业，也将对能源技术和能源产业带来深度影响。能源勘探开发、生产、传输、使用、存储等环节的数字化管理和智能化决策程度将大大增强，能源系统会更加高效，传统的能源供应安全会有更好保障，同时也会带来信息化层面的能源安全新问题。

基于以上的特点判断，中国应紧跟能源产业转型升级步伐，通过不断创新发展，突破重大关键技术瓶颈，实现能源和相关技术的高水平发展，引领能源生产和消费方式的重大变革。在近中期，在海洋油气勘探开发技术装备、高效光伏和大容量储能关键部件制造技术、先进煤气化技术、以智能电网为核心的能源供应技术等方面坚持不断创新，逐步实现能源技术自主创新，赶超国际先进水平。在中远期，努力探索新一代核能技术、高空风力发电、新型高效太阳能电池技术、氢能技术、混合储能技术、智能采油技术、新型煤基发电技术等颠覆性技术，力争成为世界能源科技的领跑者。当前，应采取以下措施促进能源技术进步：

第一，加强政策引导，从政策法规、社会环境、人才培养和合作交流等方面不断完善机制，打造创新平台，围绕能源科技管理模式创新，建立"政—产—学—研"协调机制，促使企业真正成为技术创新、研发投入和成果转化的主体，促进有利于创新发展的市场环境形成。

加强对能源互联网、电力储能等新兴产业的引导，降低能源新技术进入市场的门槛，以成品油质量升级国家专项行动为重点，在油气开采及转化、清洁燃煤发电、新能源发电及并网、第三代核电等领域应用推广一批技术成熟、有市场需求、经济合理的技术。提高市场主体应用新产品、新技术的积极性。建立健全能源行业技术标准体系，加快推进自主核电、成品油升级、煤炭深加工等领域标准体系建设，保证技术合理应用。

把能源技术及其关联产业培育成新的增长点。大力推动能源技术革命，以绿色低碳为方向，着力推进重大技术研究和重大技术装备项目，实现技术国产化、知识产权自主化，带动产业升级，探索新技术带来的商业模式，建立市场导向技术创新、研究成果快速转化、创新价值充分保护的能源科技创新体系。

第二，建立能源装备出口服务机制，充分利用中国在新能源、大型水电、输配电、煤炭深加工、清洁燃煤发电等领域的优势地位，支持中国能源技术走出去。结合"一带一路"建设，利用沿线国家和地区的资源优势，进行能源技术领域务实合作，培育有全球影响力的先进能源装备制造基地，锻造有国际竞争力的能源工程人才队伍。

第三，坚持市场导向，促进优胜劣汰。充分发挥市场配置资源的决定性作用，鼓励以竞争性方式配置资源。严格风电、光伏发电产品市场准入标准，完善工程质量监督管理体系，加强产品检测认证与技术检测监督，推广先进技术，淘汰落后产能，建立公开、公平、公正的市场环境。通过国家出资、企业投资和社会资本参与的形式，探讨建立国家新能源产业投资基金，为新能源产业公共技术平台建设、关键基础理论研究、核心设备国产化、"一带一路"走出去等创新业务提供资金支持和降低融资成本。

第四，加强新能源技术标准体系建设。紧跟技术创新和产业升级方向，建立健全新能源技术标准体系和检测认证体系。加强新能源全产业链检测技术及检测装备研发，整合检测资源，建立新能源产业的公共检测平台。尽快完善和出台新能源在不同领域应用标准，促进新能源与其他产业的融合发展。

参考文献

《2018 年光伏发电统计信息》，2019 年 3 月 19 日，国家统计局网站，http：//www. nea. gov. cn/2019-03/19/c_137907428. htm。

《世界风能发展报告 2018》，全球风能理事会（GWEC），2018 年。

《我国水电开发程度远低于发达国家》，2018 年 5 月 30日，中国水电网，http：//www. hydropower. org. cn/show News Detail. asp？nsId = 23904。

陈兆荣、雷勋平：《基于熵权可拓的我国能源安全评价模型》，《系统工程》2015 年第 7 期。

郭金玉、张忠彬、孙庆云：《层次分析法的研究与应用》，《中国安全科学学报》2008 年第 5 期。

胡剑波、吴杭剑、胡潇：《基于 PSR 模型的我国能源安全评价指标体系构建》，《统计与决策》2016 年第8 期。

罗党、刘思峰：《灰色关联决策方法研究》，《中国管理科学》2005 年第 1 期。

孙贵艳、王胜：《基于熵权 TOPSIS 法的我国区域能源安全评价研究》，《资源开发与市场》2019 年第 8 期。

孙涵、聂飞飞、胡雪原：《基于熵权 TOPSIS 法的中国区域能源安全评价及差异分析》，《资源科学》2018 年第 3 期。

史丹，中国社会科学院工业经济研究所所长、研究员、博士生导师。入选中共中央组织部、人力资源和社会保障部万人计划、国家高层次人才特殊支持计划领军人才，中共中央宣传部"文化名家暨四个一批"人才工程。国家能源委员会专家咨询委员会委员，国家气候变化专家委员会委员，中国工业经济学会理事长兼副会长，主要研究领域为产业与能源经济、绿色低碳发展等。主持国家社科基金重大课题，及国家发改委等部委和省市委托课题百余项，在《经济研究》等刊物发表论文150多篇，出版专著30余部，获国家级、省部级学术奖励30余项。